하나님을 더 알아가기

하나님을 더 알아가기

1판 인쇄일 2019년 4월 15일
1쇄 발행일 2019년 4월 20일

지은이 _ 한광락
펴낸이 _ 한치호
펴낸곳 _ 종려가지
등 록 _ 제311-2014000013호(2014. 3. 21)
주 소 _ 서울특별시 은평구 은평로 14길 9-5
전 화 _ 02. 359. 9657
디자인 _ 표지 이순옥/ 내지 구본일
제작대행 세줄기획(02.2265.3749)
영업(총판) 일오삼(민태근)
전 화_ 02. 964.6993 팩스 2208.0153

값 7,000 원

ISBN 979- 11- 87200-66- 6   03230

ⓒ 2019. 한광락

잘못 만들어진 책은 구입하신 서점에서 바꾸어 드립니다.
책의 주문 및 영업에 대한 문의는 영업대행으로 해주십시오.
문서사역에 대한 질문은 010. 3738. 5307로 해주십시오

이 도서의 국립중앙도서관 출판예정도서목록(CIP)은 서지정보유통지원시스템
홈페이지(http://seoji.nl.go.kr)와 국가자료종합목록시스템(http://www.nl.go.kr/
kolisnet)에서 이용하실 수 있습니다. (CIP제어번호 : CIP2019014183)

찬송과 말씀

하나님을 더 알아가기

한 광 락 목사

문서사역
종려가지

머리말

성경이 바로 하나님에 대한 말씀의 책인데, 사실은 예수님을 통하여 하나님을 알게 되지만 어떤 하나님이시냐에 대하여는 모두 다 제 자신도 증거하지 못한 것 같습니다. 손자들에게 명절 때마다 카드 놀이 같이 한다고 준비한바 70 가지의 하나님 아버지의 마음을 카드에 표시하여 지니고 있었습니다. 여기에서 힌트를 얻고 기도하여 오던 바 하나님, 예수님, 성령님 즉 삼위일체의 하나님에 대하여 쓰게 되었습니다.

"하나님은 어떠한 분이신가"라고 성도들에게 묻는다면 한 열 가지나 스물 몇 가지 대답하실 것입니다. 그러나 성경에 하나님은 어떤 분이시고 또 예수님과 성령님에 대한 마음이 무엇인가를 더 살펴보니 거의 100 가지나 되어 놀라움을 금하지 못하였습니다.

이제, 예수님과 성령님에 대하여 정리하였으나 순서대로 보셔도 좋고 차례로 읽지 아니하셔도 알고 싶은 부분을 찾아 읽어도 됩니다. 부족하나마 성경의 하나님 또 예수님, 성령님의 마음을 살피며 살아가는 데에 귀한 도움과 증거가 되시기를 바라며 기도드립니다. 읽으실 때마다 성령님의 감화와 귀한 축복이 있으시기를 바랍니다.

힘하고 어려운 시대에 오직 하나님의 나라와 그 의를 바라시는 전하고자 하시는 교회의 담임 목사님과 종려가지 대표님, 문서사역에 같이 하시는 분들에게도 감사드립니다.

2019년 3월
한광락 목사

차 례

머리말 - 5

1. 생존하시는 하나님 / 시 18:46 - 9
2. 주 되시는 하나님 / 신 10:17 - 13
3. 신뢰의 하나님 / 시 32:10 - 17
4. 여호와 하나님 / 출 3:14 - 21
5. 자유의 하나님 / 눅 4:18 - 26
6. 보호의 하나님 / 시 146:9 - 31
7. 소생의 하나님 / 시 23:3 - 36
8. 보응의 하나님 / 눅 23:41 - 40
9. 응답의 하나님 / 시 91:15 - 43
10. 인자의 하나님 / 출 34:6 - 48
11. 신실의 하나님 / 사 49:7 - 53
12. 성취의 하나님 / 전 11:5 - 57
13. 만물의 하나님 / 렘 10:16 - 62
14. 산 주시는 하나님 / 마 5:12 - 67
15. 권고의 하나님 / 창 50:25 - 71
16. 징계의 하나님 / 잠 3:11 - 75
17. 온전하신 하나님 / 마 5:48 - 80
18. 풍성하신 하나님 / 엡 2:4 - 84
19. 감찰하시는 하나님 / 대상 12:17 - 88
20. 화평의 하나님 / 고전 14:33 - 91

21. **공의의 하나님** / 시 37:28 - **95**
22. **인내의 하나님** / 롬 15:5 - **98**
23. **영의 하나님** / 롬 8:6 - **102**
24. **존귀의 하나님** / 시 104:1 - **107**
25. **아멘의 하나님** / 렘 11:5 - **111**
26. **교훈의 하나님** / 딤후 3:16 - **114**
27. **광대하신 하나님** / 시 40:16 - **118**
28. **질투하시는 하나님** / 신 4:24 - **122**
29. **상천하지의 하나님** / 신 4:39 - **127**
30. **영원무궁하신 하나님** / 시 10:16 - **131**
31. **할렐루야의 하나님** / 시 106:1 - **135**
32. **세세 무궁하신 하나님** / 애 5:19 - **139**
33. **임마누엘의 하나님** / 사 7:14 - **144**
34. **천사를 두신 하나님** / 단 6:22 - **149**
35. **마귀를 멸하시는 하나님** / 요일 3:8 - **152**
36. **천 년간 왕노릇 하게 하시는 하나님** / 계 20:4 - **156**

- 이 책에서 인용된 성경본문은 아가페 쉬운성경(2003년, 1판 10쇄)에서 발췌하였습니다.
- 이 책에 있는 내용 중에 주제나 또는 참고로 인용된 부분은 「은혜목회정보」(목회와 큰백과)에서 가져왔습니다.

1. 생존하시는 하나님

> ♥ 시 18:46, 여호와는 살아 계시니 나의 반석을 찬송하며 내 구원의 하나님을 높일지로다.

♪ 내 주님은 살아 계셔 170장

1. 내 주님은 살아 계셔 날 지켜주시니
   그 큰 사랑 인하여서 나 자유 얻었네
2. 나의 구원 되신 주님 내 소망 되신 주
   항상 나와 함께하셔 곧 다시 오시리
3. 나를 거룩하게 하려 주 나를 부르니
   주의 은혜 내게 넘쳐 주 뜻을 이루리
4. 굳센 믿음 나 가지고 주 말씀 따르면
   주님 다시 강림할 때 날 영접하시리. 아멘

시 84:2, 내 영혼이 여호와의 궁정을 사모하여 쇠약함이여 내 마음과 육체가 살아 계시는 하나님께 부르짖나이다.

삼하 22:47, 여호와의 사심을 두고 나의 반석을 찬송하며 내 구원의 반석이신 하나님을 높일지로다

=시 18:1-24 〈다윗을 원수 사울의 손에서 구원하신 날에 신앙고백〉

　나의 힘이 되신 여호와여! 내가 주님을 사랑합니다. 여호와는 나의 반석, 나의 요새, 나의 구원자이십니다 나의 하나님은 피할 바위이십니다. 주님은 나의 방패, 구원하시는 뿔, 나의 산성이십니다.
　내가 찬양받기에 합당하신 여호와께 부르짖으니 그가 나를 수많은 원수로부터 구하실 것을 확신합니다. 죽음의 줄이 나를 묶고 멸망의 물살이 나를 덮쳤습니다. 무덤의 줄이 나를 묶고 죽음의 덫이 나를 덮었습니다. 고통 중에 내가 여호와를 불렀고 나의 하나님께 도와 달라고 부르짖었습니다. 저가 성전에서 내 목소리를 들으셨으며 울부짖는 내 외침이 그의 귀에 들렸습니다. …
　내가 옳은 일을 하니 여호와께서 상을 내리셨으며 깨끗하게 살았다고 여호와께서 내게 복을 주셨습니다.

=행 9:36-42 〈병들어 죽은 다비다를 베드로를 통해 살리시다〉

　욥바에 다비다라는 여제자가 있었는데 이는 언제나 착한 일을 하고 가난한 사람들을 돕는 일에 힘썼습니다. 병이 나서 죽어 시신을 씻어 다락방에 두었습니다. 욥바의 제자들이 베드로에게 요청하러 보냈습니다 베드로는 사람을 다 내보내고 시신을 향해 "다비다야 일어나시오!"라고 말했습니다. 눈을 뜨고 일어났습니다. 이 소식이 알려지자 많은 사람이 주님을 믿었습니다.

생존하시는 하나님 시 18:1-46

하나님은 살아 계시니 모든 사람들에게 생명을 유지하도록 하십니다.

-왜 하나님이 나의 힘이 되시는가?

1. 구원을 받았기에

그냥 천지를 창조하신 하나님이 능력이고 전능하신 분이신 것을 왜 모르겠습니까? 그러나 그분이 정말 나의 힘이 되시는지는 다른 문제입니다. 이웃집 아저씨가 장관 한 사람에 무슨 소용이 있습니까?

하나님이 전능하신 하나님이시고, 내게 관계가 있어야 합니다. 32절과 39절을 보십시오. "이 하나님이 힘으로 내게 띠 띠우시며 내 길을 완전케 하시며" "대저 주께서 나로 전쟁케 하려고 능력으로 내게 띠 띠우사 일어나 나를 치는 자로 내게 굴복케 하셨나이다"

다윗은 하나님께 힘과 능력을 받았습니다. 다윗이 대적을 이길 수 없고 사울을 이길 수 없었습니다. 17절 말씀처럼 그 대적은 다윗보다 힘이 세다고 했습니다. 그러나 하나님이 이사야 40장 29절 말씀처럼, 피곤한 자에게 능력을 주시고 무능한 자에게 힘을 더하여 주시는 것입니다.

2. 주의 상급을 받았기에

구원을 받았기에 하나님은 나에게 상급을 주십니다. 어려운 시험과 환란 가운데서 하나님을 떠나지 않았기에 하나님은 상급을 주십니다. 20절에 이렇게 말씀하십니다. "여호와께서 내 의를 따라 상주시며 내 손의 깨끗함을 좇아 갚으셨으니"

환란이 오고, 핍박이 오고, 고난이 올 때, 어려움이 올 때 하나님이 나를 반드시 구원하실 뿐 아니라 이것 때문에 더 잘 된다는 생각을 해야 합니다. 하나님이 상 주시기 위해 시험을 주시는 것입니다. 어려울수록 깨끗하게 살아야 합니다.

3. 승리를 얻었기에

29절-50절까지는 왜 하나님이 나의 힘이 되시는지에 대한 이유를 승리를 얻었기 때문이라고 말하고 있습니다. 38절에 이르기를, "내가 저희를 쳐서 능히 일어나지 못하게 하리니 저희가 내 발 아래 엎드러지리이다"라고 하십니다. 최후 승리는 우리의 것입니다.

승리를 얻고 나면 29절에 환경을 초월하고, 33절에 높임을 받고, 35절에 크게 해 주시고, 43절에 열방에 으뜸으로 삼아주신다고 합니다.

44절에 말하는 풍성이 소문이란 뜻입니다. 우리를 통해 예수님의 복음의 소식이 십자가 승리를 통해 들려져야 합니다. 이것이 승리입니다. 이 최후 승리가 우리에게 있기를 바랍니다.

하나님의 살아 역사하심을 믿고 담대히 살아가시기를 축원합니다.

2. 주 되시는 하나님

♥ 신 10:17, 너희의 하나님 여호와는 신 가운데 신이시며 주가운데 주시오 크고 능하시며 두려우신 하나님이시라 사람을 외모로 보지 아니하시며 뇌물을 받지 아니하시고

♩ **거룩하신 주 하나님** 48장

1. 거룩하신 주 하나님 모든 영광을 받으소서
   주의 자녀 함께 모여 경배 찬송드립니다
   전능하사 천지 만물 창조하신 하나님
   찬양하며 드리오니 우리 예배 받으소서
2. 자비하신 주 하나님 모든 영광 받으소서
   죄와 허물 용서하신 크신 사랑 고마워라
   상한 심령 품어 주사 기쁨 주신 하나님
   감사하며 드리오니 우리 예배 받으소서
3. 은혜로신 주 하나님 모든 영광 받으소서
   불 기둥과 구름 기둥 인도하심 놀라워라
   근심 걱정 슬픔에도 함께하신 하나님
   마음모아 드리오니 우리 예배 받으소서. 아멘

시 130:5, 나 곧 내 영혼은 여호와를 기다리며 나는 주의 말씀을 바라는도다.
사 19:4, 내가 애굽인을 잔인한 주인의 손에 붙이리니 포학한 왕이 그들을 다스리리라 주 만군의 여호와의 말씀이니라.

=신 10:12-22 **〈주 하나님 여호와께서 요구하시는 것은 무엇인가?〉**

"이스라엘 백성들이여 여러분의 하나님 여호와께서 바라는 것이 무엇이오? 그것은 여러분의 하나님 여호와를 존경하고 주께서 명령하신 말씀을 따르며 주를 사랑하고 마음과 정성을 다하여 여러분의 하나님 여호와를 섬기는 것이오.

또한 여러분이 잘 되게 하기 위해 내가 오늘 여러분에게 주는 여호와의 명령과 율법에 복종하는 것이오. 세계와 그 안의 모든 것은 여호와의 것이오. 하늘과 가장 높은 하늘까지도 여호와의 것이오. 여호와께서는 여러분의 조상을 돌보시고 사랑하셔서 그들의 자손인 여러분을 이렇게 다른 모든 나라 가운데서 선택하여 주셨소. 그러니 여러분은 마음을 참되게 하고 다시는 고집을 피우지 마시오.

여러분의 하나님 여호와는 모든 신의 하나님이시며 모든 주의 주시오. 여호와께서는 위대한 하나님이시며 강하고 두려운 분이시오. 불공평한 일은 하지 않으시며 뇌물도 받지 않으시는 분이시오. 고아와 과부를 도와주시고 외국인을 사랑하셔서 그들에게 먹을 것과 옷을 주시는 분이시오. 여러분은 이집트에서 외국인이었기 때문이오.

여러분의 하나님 여호와를 존경하고 잘 섬기시오.

여호와께 충성하시오. 맹세를 할 때는 여호와의 이름으로만 맹세하시오. 여호와를 찬양하시오. 여호와는 여러분의 하나님이시오.

여러분의 눈으로 직접 보았듯이 여호와께서 여러분을 위해 크고도 두려운 일을 해 주셨소. 여러분의 조상이 애굽으로 내려갈 때는 70명 밖에 없었소. 그러나 지금은 여러분의 하나님 여호와께서 여러분을 하늘의 별처럼 많게 해 주셨소."

주 되시는 하나님 신 10:17

우리 삶의 주인은 누구십니까? 우리 삶의 문제를 누가 결정합니까? 중요한 결정을 무엇에 근거하여 결정합니까? 내 경험, 내 생각, 내 눈치, 내 지식에 따라 결정하지는 않습니까?
우리의 주인은 누구입니까? 우리의 인생 항해에서 주인은 내가 아니라 하나님이십니다. 하나님의 나라는 오직 성령 안에서 의와 평강과 희락이라고 합니다. 성령님이 지배하시는 우리의 마음이 하나님의 나라가 되게 하려면 의와 평강과 희락이 필요합니다.

첫째, 의의 삶입니다.

의란 옳음을 뜻합니다. 즉 의는 하나님의 질서입니다. 하나님의 질서대로 살면 옳은 것입니다. 의로운 것입니다. 불의는 하나님의 질서를 파괴합니다. 인간과의 질서, 자연과의 질서가 잘 지켜져야 합니다. 다른 사람을 생각하지 않고 자기중심으로 삽니다. 이런 모든 것이 질서가 아닙니다. 의가 아닙니다. 불의한 것입니다.
고전 13:6에는 "사랑은 불의를 기뻐하지 아니하고"라고 했습니다. 정말 사랑한다면 불의를 기뻐하지 않습니다. 성령님의 내 삶의 주인이 되면 이런 의의 삶을 삽니다.

둘째, 평강의 삶입니다.

성경은 '평강', '평화', '평안', '화평'을 같은 의미로 사용합니다. 헬라어의 '에이레네'라는 같은 단어를 의미에 따라 다른 말로 번역하였습니다. 평화는 예수님의 본질이며 별명입니다. 이사야 9:6에는 오실 예수님을 예언하면서 "평강의 왕"이라고 하였습니다. 누가복음 2:14에는 "땅에서는 기뻐하심을 입은 사람들 중에 평화로다"라고 합니다. 예수님의 오심은 모든 사람에게 평화입니다. 그리고 예수님은 친히 "평안할지어다" 혹은 "평안하뇨"라는 말씀을 자주 하셨습니다. 하나님은 평강의 하나님이십니다. 우리에게서 평강을 빼앗아 가는 주인이 누구입니까? 마귀는 평강을 기뻐하지 않는 존재입니다. 우리의 마음은 조금만 불안하고, 불편하면 금방 평화를 상실합니다. 이런 평강치 못한 삶에서 회복하기를 원합니다.

셋째, 희락의 삶입니다.

기쁨은 하나님의 선물입니다. 하나님이 계시면 기쁨도 주십니다. 왜 우리에게 기쁨이 없습니까? 기쁨의 근원이 없기 때문입니다. 기쁨의 근원은 예수님입니다. "기쁨의 근원 되시는 예수를 위해 삽시다"라고 우리는 찬송합니다. 우리는 기쁨이 없는 시대에 삽니다. 우리의 가정, 직장, 미래, 북핵 문제, 경제 여건, 정치 어느 하나 기쁨을 줄 만한 것이 없습니다. 성령님이 계시면 기쁘지 않을 수 없는데 계시지 않으면 기쁠 수 없습니다. 바울을 보세요. "주 안에서 항상 기뻐하라, 내가 다시 말하노니 기뻐하라"고 기쁨을 강조합니다. 기쁨이 빼앗기지 않는 비결이 있습니다. 성령님이 내 삶의 주인이 되면 이런 기쁨의 삶을 삽니다.

주님 안의 성령으로 날마다 해마다 이기시고, 승리하시는 여러분이 되시기를 축복합니다.

3. 신뢰의 하나님

> ♥ 시 32:10, 악인에게는 많은 슬픔이 있으나 여호와를 신뢰하는 자에게는 인자하심이 두르리로다

♪ **주와 같이 길 가는 것** 430장

1. 주와 같이 길 가는 것 즐거운 일 아닌가
   우리 주님 걸어가신 발자취를 밟겠네
2. 어린아이 같은 우리 미련하고 약하나
   주의 손에 이끌리어 생명길로 가겠네
3. 꽃이 피는 들판이나 험한 골짜기라도
   주가 인도하는 대로 주와 같이 가겠네
4. 옛 선지자 에녹같이 우리들도 천국에
   들려 올라갈 때까지 주와 같이 걷겠네
후렴) 한 걸음 한 걸음 주 예수와 함께
   날마다 날마다 우리 걸어가리

사 26:4, 너희는 여호와를 영원히 신뢰하라 주 여호와는 반석이심이로다.

빌 1:14, 형제 중 다수가 나의 매임으로 말미암아 주 안에서 신뢰함으로 겁없이 하나님의 말씀을 더욱 담대히 전하게 되었느니라.

= 대하 20:22,21 〈아람과의 전쟁에서 여호사밧 왕의 선포〉

주의 종 야하시엘의 전해준 하나님 말씀 듣고 백성들에게 "유다와 예루살렘 백성이여 하나님을 신뢰하라 그러면 굳게 설 것이요 주의 예언자를 신뢰하라 그러면 성공할 수 있을거요."
여호사밧은 백성과 의논하여 여호와께 노래할 사람 곧 거룩하고 놀라우신 여호와를 찬양할 사람들을 뽑았습니다. 그들이 군대 앞에서 행진하며 찬양했습니다.

=사 12:1-6 〈도래할 평화의 나라에 대한 감사 찬송〉

그 날에 네가 말하기를 "여호와여 내가 주님을 찬양 합니다. 주께서 전에는 내게 진노하셨으나 이제는 내게 진노하셨으나 이제는 진노를 거두시고 나를 위로해 주셨습니다. 하나님은 나의 구원이십니다 하나님을 신뢰하니 내게 두려움이 없습니다. 여호와는 나의 힘이시며 나의 노래시며 나의 구원이십니다."
너희가 기쁨으로 구원의 우물에서 물을 길을 것이다. 그 날에 너희가 말할 것이다.
"여호와를 찬양하고 주께 예배하여라
주께서 하신 놀라운 일들을 민족들 가운데 전하여라
7의 위대하신 이름을 알려라
여호와께서 위대한 일을 하셨으니 그를 찬양하여라
주께서 하신 일을 온 세계에 전하여라.

신뢰의 하나님 시 32:10

다윗은 오늘 본문에서 그가 얼마나 그 죄를 인해서 몸부림 치고 있는지 모릅니다. 그래서 죄의 사함을 받는다는 것은 우리 인간에게 중요한 것입니다. 주님의 십자가의 죽으심을 통하여 죄사함의 피를 흘리신 사실을 믿어야 합니다. 주 예수님이 우리 인간의 죄를 지시고 십자가에 죽으신 것입니다. 먼저 이 신뢰를 가져야 합니다.

3, 4절에 보면 그는 회개가 나오지 않아서 종일 신음하고 있다고 말합니다. 토설해야 하는데 토설이 되지 않는 그의 답답함을 기록하고 있습니다. 영적 눌림은 육신의 고통과 비교되지 않을 만큼 크고 고통스럽습니다. 그러나 하나님은 잘 이기게 하십니다.

1. 환란에서 보호하십니다. (7절)

주를 만날 기회를 틈탄다고 말합니다. 난외주는 죄가 깨달아질 때라고 말합니다. 죄가 깨달아진다는 것은 주를 만날 기회를 얻었다는 것입니다. 구원받을 기회를 얻은 것입니다. 그때 회개하면 죄로 인해 닥칠 그 무서운 환란에서 구원되어 지는 것입니다.

환란에서 보호를 받는 것입니다. 죄가 깨달아지면 감사하십시오.

주께서 우리를 만나주시려는 것입니다. 회개하십시오. 환란에서 보호받는 은혜를 받습니다.

2. 갈 길을 인도함 받습니다. (8절)

회개해야 길이 보입니다. 회개하는 자에게 하나님께서 교훈과 책망과 의로 교육하고 우리에게 가야 할 길 들을 보여주시는 것입니다. 죄는 우리의 눈을 멀게 합니다. 악인의 길은 어둠과 같아 걸려 넘어져도 어디서 넘어지는지 알지 못합니다. 갈 길을 알지 못하겠습니까?

회개하는 사람에게 길을 보여주십니다.

3. 자원하는 심령을 주십니다. (9절)

억지의 인생이 되지 않습니다. 자갈과 굴레로만 통제가 가능한 그런 노새의 인생이 아니라 하나님 앞에 자원하는 심령을 가지게 됩니다.

4. 믿음 가운데 사랑을 느끼게 됩니다. (10절)

회개해야 믿음이 생깁니다. 믿음이 없는 자는 하나님의 사랑을 깨닫지도 못하고 사랑을 느끼지도 못합니다.

5. 기쁨으로 찬양을 드리게 됩니다. (11절)

회개를 하고서야 기쁨의 찬양이 나옵니다. 하나님은 회개한 자를 의인이라고 부릅니다.

하나님은 회개한 자를 정직한 자라고 부릅니다. 무엇이 정직입니까? 바로 내가 잘못했습니다라는 고백이 바로 정직입니다. 죄가 가슴에 있는데 그것을 내어 놓지 않는 사람이 어떻게 하나님께 정직한 자라는 칭찬을 듣겠습니까?

회개해야 합니다. 회개해야 내 마음에 마침내 기쁨이 터져 나오며 하나님을 찬양하는 심령이 회복되는 것입니다.

이런 은혜가 넘치시기를 바라며 축복합니다.

4. 여호와 하나님

♥ 출3:14, 하나님이 모세에게 이르시되 나는 스스로 있는 자이니라 또 이르시되 너는 이스라엘 자손에게 이같이 이르기를 스스로 있는 자가 나를 너희에게 보내셨다 하라

♩ 성부 성자 성령 7장

1. 성부 성자 성령 삼위일체께
   입을 모아 찬양 경배드리세
   태초부터 지금까지
   또 영원토록 영광 영광 아멘

창 12:1, 여호와께서 아브람에게 이르시되 너는 너의 고향과 친척과 아버지의 집을 떠나 내가 네게 보여줄 땅으로 가라

출 20:2, 나는 너를 애굽 땅 종 되었던 집에서 인도하여 낸 네 하나님 여호와니라.

= 출 3:1-14 〈여호와께서 모세를 부르시다〉

여호와의 사자가 떨기나무 불꽃 속에서 모세에게 나타났습니다.… 하나님께서 말씀하셨습니다. "더 가까이 오지 마라. 네 신발을 벗어라. 너는 지금 거룩한 땅위에 서 있느니라. 나는 네 조상의 하나님이다. 나는 아브라함의 하나님 이삭의 하나님 야곱의 하나님이다." 하나님 보는 게 두려워서 얼굴을 가렸습니다.

말씀하시기를 "나는 내 백성이 애굽에서 고통당하는 것을 보았고, 울부짖는 소리를 들었다. 애굽에서 구해주고 그 땅으로 인도하여 그 곳은 젖과 꿀이 흐를 만큼 비옥한 땅이다."

그러자 모세는 하나님께 제가 누구인데 그런 일을 합니까? 하나님께서 말씀이 "내가 너와 함께 있겠다. 내가 인도한 후 이 산에서 하나님을 예배하게 될 것인데 이것이 너를 보낸 증거다."

모세가 하나님께 말했습니다. "제가 이스라엘 백성에게 가서 그들에게 너희 조상의 하나님께서 나를 보내셨다라고 말할 때 그 하나님 이름이 무엇이냐고 물으면 어떻게 대답합니까? 하나님께서 말씀하시기를 '스스로 있는 분'이 나를 너희에게 보내셨다고 말하여라."

= 마 17:22,23 〈죽음과 부활을 말씀하시다〉

제자들이 갈릴리에 모여 있었을 때 예수님께서 그들에게 말씀하셨습니다. "인자가 사람들의 손에 넘겨질 것이고 사람들은 그를 죽일 것이다. 그러나 삼일째 되는 날에 다시 살아날 것이다." 그러자 제자들은 몹시 슬퍼하였습니다.

여호와 하나님 출 3:14

하나님의 이름이 왜 그토록 중요한 것일까요?

1. 하나님의 이름은 하나님의 실체와 동일시되기 때문입니다.
시 30:27에 "보라 여호와의 이름이 원방에서부터 오며, 그의 진노가 불붙듯 하며, 빽빽한 연기가 일어나듯 하며, 그 입술에는 분노가 찼으며, 그 혀는 맹렬한 불같으며"라고 했는데, 여기에 보면 여호와 자신을 말할 때 '여호와의 이름'이라고 한 것을 볼 수 있습니다. 이처럼 하나님의 이름은 곧 하나님을 가리켰습니다.
시 103:1에 "내 영혼아 여호와를 송축하라. 내 속에 있는 것들아 다 그 성호를 송축하라"고 했는데, 여기에서 "여호와를 송축하라"는 말은 곧 '그 성호를 송축하라'는 것과 같음을 알 수 있습니다. 왜냐하면 여호와 자신과 그 이름은 동격이기 때문입니다.

2. 하나님의 이름은 하나님의 속성을 대표하기 때문입니다.
사람의 이름이 그 사람의 인격과 신분을 대표하듯이, 하나님의 이름은 하나님의 모든 속성을 대표합니다. 우리가 어떤 사람의 이름을 부를 때, 그 사람의 인간 됨됨이, 취미, 성격, 기질 등을 생각하는 것처럼, 우리는 하나님의 이름을 부를 때, 하나님의 모든 것을 생각하게 됩니다. 곧 하나님의 이름을 통해서 하나님의 전능하신 능력과, 거룩하심과, 선하심과 또는 하나님의 긍휼하심과 자비로우심을 생각하게 됩니다.
그러면 이제, 하나님의 성호 가운데 "여호와"라는 이름에 대해서 상고해 보도록 하시겠습니다.

1. 영원자존자라는 의미가 있습니다.
출 3:14에 "하나님이 모세에게 이르시되 나는 스스로 있는 자니라"고 했습니다. 하나님께서 모세에게 친히 가르쳐 주신 대로 말하면, 여호와란 '나는 스스로 있는 자란' 뜻입니다. 여호와란 곧 나는 영원히 나대로 있다는 뜻입니다. 모든 원인중에 원인이시며, 그 원인을 존재케 하신 스스로 자존하시는 하나님, 이 하나님을 가리켜 이스라엘 백성들은 '야훼'라고 불렀습니다.

2. 한 번 약속하신 것은 반드시 이루신다는 의미가 있습니다.
출 6:2-5에 보면 "하나님이 모세에게 말씀하여 가라사대 나는 여호와로라. 내가 아브라함과 이삭과 야곱에게 전능의 하나님으로 나타났으나, 나의 이름을 여호와로는 그들에게 알리지 아니하였고, 가나안 땅 곧 그들의 우거하는 땅을 주기로 그들과 언약하였더니, 이제 애굽 사람이 종을 삼은 이스라엘 자손의 신음을 듣고, 나의 언약을 기억하노라"고 했습니다. 이 말씀은 곧 아브라함과 이삭과 야곱에게 약속하신 언약을 이제 비로소 모세 시대 와서 이루어 주시겠다는 뜻입니다.

복음을 이해하는 데 있어서 핵심적인 진리, 열쇠처럼 소중한 진리가 하나 있는데, 그것은 약속 곧 언약이라는 개념입니다. 성경은 구약과 신약으로 나뉘어져 있는데, 구약은 하나님의 옛날 약속이라는 뜻이고, 신약은 새 약속이라는 뜻입니다. 구약은 이스라엘 백성을 택하여서 율법을 중심으로 하신 약속이고, 신약은 예수님께서 십자가에서 피를 흘리시고 그 피로 세우신 새 언약인 것입니다. 곧 누구든지 저를 믿으면 멸망하지 않고 영생을 얻고, 누구든지 저를 영접하면 하나님의 자녀가 된다고 하는 예수님을 중심으로 한 하나님의 약속이 신약인 것입니다.

말씀하시는 하나님이십니다. 그리고 약속하시는 하나님이십니다. 그 하나님께서는 두 가지 종류의 약속을 하셨는데,

1) 자연을 통한 약속입니다.
이것은 하나님이 일방적으로 인간의 동의없이 만드신 법으로, 자연은 그 약속을 배반하지 않습니다. 천체 우주의 한 복판에 태양계를 만들어 놓으시고, 그 태양계의 한 지점에 지구를 적당한 거리에다 정립해 놓으시고는 백 가지, 만 가지의 자연법칙을 하나님께서는 약속하셨습니다.

2) 조건부 약속입니다.
조건부 약속이란 곧 '너희가 이러 저리하면, 내가 이러 저러 하겠다는

조건적인 약속을 말합니다. '예수 그리스도를 믿으면 영생을 받는다' '예수 그리스도를 영접하면 하나님의 자녀가 되는 권세를 준다' '구하라 그리하면 주실 것이다'라는 조건이 붙어 있는 약속입니다. 약속은 하나님이 인간을 통치하시는 원리입니다. 그리고 인간의 운명은 하나님의 약속에 대한 응답여부로 결정이 됩니다.

하나님의 약속은 영원토록 변하지 않습니다. 천지가 변해도 하나님의 언약은 변하지 않습니다. 인간이 알고 있는 경험과 지식가운데서 제일 변치 않는 것은 자연 법칙입니다. 이 자연 법칙의 불변의 근거는 하나님의 불변성에 있습니다. 하나님은 절대로 변하지 않습니다.

성경에는 너무 좋은 약속이 많이 있습니다. 예수님을 영접하기만 하면 하나님의 자녀로 삼고, 영원한 생명을 주시겠다고, 성령을 주시겠다고 약속하셨습니다. 우리에게 기쁨을 주시겠다. 사랑을 주시겠다. 평안을 주시겠다. 우리가 시험에 들었을 때 시험에서 건져주시겠다고 약속하셨습니다. 우리가 먹을 것이 없을 때 일용할 양식을 위해서 기도하라고 하셨습니다. 일용할 양식을 하나님께서 반드시 주십니다. 여호와 하나님의 약속이기 때문입니다. 병들었을 때에 하나님께 기도하라고 하셨습니다. 고쳐주신다고 약속하셨습니다. 안 고쳐 주시면 뛰어난 평강을 주십니다. 구속의 은혜를 더 확신시켜 주십니다.

우리는 그 약속마다 이루어질 것을 믿어야 합니다. 하나님이 약속하신 것을 믿으면 그것이 현실로 나타나게 되는 것입니다.

민 23:19에 "하나님은 인생이 아니시니 식언치 않으시고 인자가 아니시니 후회가 없으시도다. 어찌 그 말씀하신 바를 행치 않으시며, 하신 말씀을 실행치 않으시랴?"고 했습니다. 여호와 하나님의 확실한 약속 붙잡고, 조금만 더 기다리시고, 그리하여 놀라우신 약속의 성취를 다 받게 되시기를, 신실하신 주님의 이름으로 간절히 축원합니다.

5. 자유의 하나님

> ♥ 눅 4:18, 주의 성령이 내게 임하셨으니 이는 가난한 자에게 복음을 전하게 하시려고 내게 기름을 부으시고 나를 보내사 포로 된 자에게 자유를 눈 먼 자에게 다시 보게 함을 전파하며 눌린 자를 자유롭게 하고

♩ **죄에서 자유를 얻게 함은** 268장

1. 죄에서 자유를 얻게 함은 보혈의 능력 주의 보혈
 시험을 이기고 승리하니 참 놀라운 능력이로다
2. 육체의 정욕을 이길 힘은 보혈의 능력 주의 보혈
 정결한 마음을 얻게 하니 참 놀라운 능력이로다
3. 눈보다 더 희게 맑히는 것 보혈의 능력 주의 보혈
 부정한 모든 것 맑히시니 참 놀라운 능력이로다
4. 구주의 복음을 전할 제목 보혈의 능력 주의 보혈
 날마다 나에게 찬송 주니 참 놀라운 능력이로다

후렴) 주의 보혈 능력있도다 주의 피 믿으오
 주의 보혈 그 어린양의 매우 귀중한 피로다

롬 8:21, 그 바라는 것은 피조물도 썩어짐의 종노릇 한데서 해방되어 하나님의 자녀들의 영광의 자유에 이르는 것이니라.

갈 5:1, 그리스도께서 우리를 자유롭게 하려고 자유를 주셨으니 그러므로 굳건하게 서서 다시는 종의 멍에를 메지말라.

=출 21:1-6 〈율법에 종을 대우하는법〉

　너희가 히브리 종을 사면 그 종은 육년 동안 종살이를 할 것이며 칠년째가 되면 너희는 몸값을 받지 말고 그를 풀어 주어라. 만약 그 사람이 혼자 종으로 왔으면 혼자서 나가야 하고 결혼해서 아내와 함께 왔으면 아내와 함께 나가야 한다. 만약 종의 주인이 아내를 주어 그 아내가 아들이든 딸이든 자녀를 낳았으면 그 아내와 자녀는 주인의 것이되고 종은 혼자서 떠나야 한다. 그러나 만약 그 종이 '나는 내 주인과 내 아내와 내 자녀를 사랑 합니다. 나는 자유의 몸이 되고 싶지 않습니다' 라고 말하면 주인은 재판장 앞으로 데리고 가거라. 또 주인은 종을 문이나 문설주로 데리고 가서 날카로운 연장으로 종의 귀에 구멍을 뚫으라. 그러면 종은 영원토록 주인을 섬기게 될 것이다.

=요 8:31-38 〈진리가 너희를 자유롭게 하리라 하신 예수님〉

　유대인들이 예수님께 여쭈었습니다. "우리는 아브라함의 자녀들입니다. … 어떻게 당신은 우리가 자유롭게 될 것이라고 말합니까?"
　예수님께서 대답하셨습니다. "내가 너희에게 진리를 말한다. 죄를 짓는 사람마다 죄의 종이다. 종은 영원히 가족이 될 수 없다. 그러나 아들은 영원히 가족의 한 사람이다. 그러므로 아들이 너희를 자유롭게 하면 너희는 참으로 자유로워질 것이다. 나는 너희가 아브라함의 자녀인 것을 안다. 그러나 내말이 너희 속에 없기 때문에 너희는 나를 죽이려 하고 있다. 나는 내 아버지와 함께 있을 때에 본 것을 너희에게 말하고 너희는 너희의 아버지에게서 들은 것을 행한다."

자유의 하나님 눅 4:18

예수님의 첫 복음은 가난한 자에게 가난 복음을 주셨습니다. 예수님의 두 번째 복음은 포로된 자에게 포로 복음을 주셨습니다. 포로에서 자유함을 받는 복음을 예수님은 우리에게 주셨습니다. 현대인들을 포로로 잡고 있는 것이 무엇인지 알아야 합니다.

1. 사이비 종교의 포로

예수님은 사이비 종교에 사로잡혀 있는 포로들에게 자유함을 주시려고 이 땅에 오셨습니다. 대표적인 사람이 바울입니다. 바울은 율법 종교에 포로가 되어 있습니다. 예수 그리스도를 믿음으로 구원함을 받는 것이 아니라 율법을 행함으로 구원받는다고 생명을 걸고 믿고 있었습니다.

그래서 예수를 믿는 이들을 극단적인 이단으로 알았습니다. 예수를 전하는 스데반을 죽이는 데 동참하였습니다. 그리고 예수믿는 이들을 핍박하였습니다. 그러나 다메섹으로 가는 길에 예수님이 나타나셨습니다.
"누구십니까?"
"나는 네게 핍박하는 예수다. 내가 너를 이방에 복음을 전하는 사도로 사용하기를 원한다."

바울은 여기에서 예수 핍박에서 예수 증인으로 신분이 바뀌었습니다. 보았고, 들었고, 만났기 때문에 너무나 확신하였습니다. 예수님은 사이비 종교인 바울을 들어 기독교 역사상 가장 위대한 전도자로 부르셨습니다. 사이비 종교에서 해방시켜 주셨습니다.

주님은 오늘도 사이비 종교에 포로가 되어 있는 모든 이들이 모두 해방되기를 원하고 계십니다.

알라를 위하여 자살하면 72명 미녀가 대기하고 있고, 100명 남자의 정력을 선물로 받는다는 것이 종교인가요?

하나님이 언제 자살하라고 하시나요? 하나님이 언제 면류관을 주지 않고 예쁜 여자를 선물로 주신다고 하신 적이 있나요? 이런 교리가 있는 책이 거룩한 책인가요?

사탄의 포로가 된 사람들을 자유케 하려고 예수님은 이 땅에 오셨습니다. 가장 대표적인 종교가 천주교입니다. 천주교는 이미 기독교가 아니라고 규정되어 있습니다. 이단이 아니라 기독교가 아닙니다. 천주교가 성장하는 것은 편하기 때문입니다. 제사 드려도 됩니다. 술 마셔도 됩니다. 담배 피워도 됩니다. 편합니다. 그래서 성장합니다.

예수님은 사이비 종교의 포로들을 자유함을 주려고 이 땅에 오셨습니다. 모든 종교는 종교입니다. 그러나 기독교는 종교가 아니라 생명입니다.

2. 돈의 포로

예수님은 이 땅에 돈, 맘모니즘에 포로로 잡혀 있는 사람들을 해방시켜 주러 오셨습니다. 돈만 주면 무엇이나 다 하는 사람들이 있습니다. 탈무드 속담에 돈은 모든 것을 여는 열쇠라는 말이 있습니다.

돈에서 해방된 대표적인 사람이 삭개오입니다.

삭개오는 여리고 부자였습니다. 세리장이었습니다. 오직 돈만 아는 사람이었습니다. 그러나 뽕나무에서 예수님을 만났습니다. 예수님이 먼저 어떤 충고를 하지 않았습니다.

예수님을 만나고 삭개오는 돈에서 해방되었습니다. 돈은 모으려고 하는 대상이 아니라 쓰려고 하는 도구임을 알았습니다.

예수님은 포로된 자에게 자유함을 주려고 이 땅에 오셨다고 예수님 자신이 선포하셨습니다. 현대인들은 무엇엔가에 포로가 되어 있습니다.

돈의 포로가 되어 500만원 주면 청부살인하여 주는 곳이 있다고 들었습니다. 무서운 세상입니다. 예수님은 돈의 포로에서 우리를 해방시키러 오셨습니다. 돈을 필요한 것이지 중요한 것은 아닙니다.

3. 사탄의 포로

예수님은 사탄의 포로된 사람을 자유케 하시려고 이 땅에 오셨습니다. 사탄은 하나님의 원수입니다. 그래서 하나님이 가장 사랑하시는 창조물

아담과 하와에게 접근하여 사탄의 포로로 만드는 데 성공하였습니다.

그 후에, 가룟 유다도 사탄의 포로로 만들었습니다. 가인도 사탄의 포로로 만들어서 동생 아벨을 죽이게 하였습니다.

막달라 마리아에게 귀신 7이 들어갔습니다. 그래서 사탄의 포로로 창녀 생활을 하게 하였습니다. 그래서 예수님의 무덤을 제일 먼저 찾은 여자, 부활을 제일 먼저 보고, 제일 먼저 전한 성녀가 되었습니다.

예수님은 사탄에 포로로 잡힌 자를 자유케 하려고 이 땅에 오셨습니다.

예수님은 마귀를 멸하고 우리를 자유를 주시려고 오셨습니다. 그래서 요한은 말하고 있습니다.

"하나님의 아들이 나타나심은 마귀의 일을 멸하려 하심이라"(I요 3:8)

주님이 주시는 참 자유가 선물로 주어지는 거룩한 시간되시기를 주님의 이름으로 축원합니다.

6. 보호의 하나님

♥ 시 146:9, 여호와께서 나그네들을 보호하시며 고아와 과부을 붙드시고 악인들의 길은 굽게 하시는도다.

♪ 눈을 들어 산을 보니 383장

1. 눈을 들어 산을 보니 도움 어디서 오나
   천지 지은 주 하나님 나를 도와주시네
   나의 발이 실족 않게 주가 깨어 지키며
   택한 백성 항상 지켜 길이 보호하시네
2. 도우시는 하나님이 네게 그늘 되시니
   낮의 해와 밤의 달이 너를 상치 않겠네
   네게 화를 주지 않고 혼을 보호하시며
   너의 출입 지금부터 영영 인도하시리. 아멘

수 24:17, 이는 우리 하나님 여호와께서 친히 우리와 우리 조상들을 인도하여 애굽땅 종 되었던 집에서 올라오게 하시고 우리 목전에서 큰 이적들을 행하시고 우리가 행한 모든 길과 우리가 지나온 모든 백성들 중에서 우리를 보호하셨음이며

유 1:24, 능히 너희를 보호하사 거침이 없게 하시고 그 영광 앞에 흠이 없이 기쁨으로 서게 하실이

=창 26:1-22 〈흉년들어 블레셋에서 보호받고 우물 사건에서 하나님 함께 하심으로 승리〉

기근을 당하여 블레셋 왕 아비멜렉을 찾아가다. 그때, 여호와께서 이삭에 나타나 말씀 하시기를 "애굽으로 내려가지 말고 내가 네게 일러주는 땅에서 살아라. 내가 너와 함께하고 복을 주며 네 자손에 이땅을 주어 하늘의 별처럼 또 모든 나라들이 복을 받을 것이다. 그것은 네 아버지 아브라함이 내 말에 순종하고 내 명령과 가르침과 계명과 규율에 복종했기 때문이다."

이삭은 그랄에서 오랫동안 살았습니다. 어느 날 블레셋 왕 아비멜렉이 창 밖을 내다보니 이삭이 자기 아내 리브가를 껴안고 있는 모습이 보였습니다. 아비멜렉이 이삭을 불러서 말하기를 "이 여자는 네 아내인데 왜 우리에게는 누이라고 했느냐?" 이삭이 말하기를 "저 여자 때문에 제가 죽임을 당할지 모른다고 생각했기 때문입니다." 아비멜렉이 말하기를 어찌하여 우리에게 그런 일을 했느냐 자칫하면 잠자리를 함께해 죄를 지을 뻔했다. 이삭이 그 땅에 씨를 뿌려 그 해에 백 배의 많은 곡식을 거두었습니다. 여호와께서 큰 복을 주시니 점점 더 큰 부자가 되었습니다.

블레셋 사람들은 이삭을 질투해서 아브라함의 종들이 판 우물을 흙으로 덮어 버렸습니다. . . . 이삭은 아브라함이 파놓은 우물을 다시 팠습니다. 그랄에서 그들 종들과 목자들이 다투어 자기 우물이라 해서 두고 이삭의 종들은 또 우물을 팠습니다. 이사해서 우물을 파서 이름을 르호봇이라고 짓고 이제 하나님이 더 넓은 곳을 주셨으니 이 땅에서 성공할 것이라고 했습니다.

보호의 하나님 시 146:9

'할렐루야'는 만국 공통어입니다. 천국의 문입니다. 예수 믿는 사람이라면 누구나 이 '할렐루야'로 통하게 되어 있습니다.
"내 영혼아, 평생에 하나님을 찬양하라!"

시 146:1, 할렐루야 내 영혼아 여호와를 찬양하라.
시 146:2, 나의 생전에 여호와를 찬양하며 나의 평생에 내 하나님을 찬송하리로다.

오늘의 시편의 주제는 평생에 찬양하는 하나님 찬양입니다.
"할렐루야 내 영혼아!"
할렐루야 시편의 맨 처음 등장하는 "내 영혼아!"는 참으로 의미가 있습니다. 먼저 중요한 것이 무엇이냐? 바로 내 영혼의 거듭남이기 때문입니다. 우리가 살면 살수록 내 영혼에 관심을 가져야 합니다.
벧전 3:4, "마음속에 숨은 사람"에 대해 관심을 가져야 합니다.
오늘 시편에서는 우리가 평생에 찬양해야 할 하나님은 어떤 하나님은 도우시고 지키시고 보호하시는 분이십니다.

1. 도움이 되시는 하나님
시 146:3, 방백들을 의지하지 말며 도울 힘이 없는 인생도 의지하지 말지니
시 146:4, 그 호흡이 끊어지면 흙으로 돌아가서 당일에 그 도모가 소멸하리로다.
시 146:5, 야곱의 하나님으로 자기 도움을 삼으며 여호와 자기 하나님에게 그 소망을 두는 자는 복이 있도다.

하나님을 나의 도움으로 삼는 자만이 하나님을 찬송할 수 있는 법입니다. 사람의 인생은 하루아침에 소멸될 수 있습니다. 무슨일이 일어날

는지 모르는 법입니다. 사람은 그러므로 의지의 대상이 아니라 사랑의 대상인 것 입니다. 하나님만이 의지의 대상입니다. 왜 "야곱의 하나님"이라 했습니까? 야곱이 맨손으로 자수성가 했지만 결국 얍복강가에서 두려움가운데 있었을 때, 거기에서 환도뼈가 부러졌습니다. 에서가 보낸 자객인줄 알았습니다.

그러나 하나님이 보내신 천사였습니다. 그 사실을 안 야곱은, 창 32:16 "당신이 내게 복을 주지 아니하면 나는 가게 할 수 없나이다." 기도합니다. 야곱의 생에 처음 등장하는 기도였습니다. 환도뼈가 부러졌을 때 비로소 기도가 터져나온 것 입니다. 시 46:1, "하나님은 환난 중에 만날 큰 도움이시라."

2. 소망이 되시는 하나님

시 146:5, 야곱의 하나님으로 자기 도움을 삼으며 여호와 자기 하나님에게 그 소망을 두는 자는 복이 있도다.

방백을 의지하고 인생을 의지할 때는 결국 낙망이 되고 실망이 되고 절망이 될 수밖에 없습니다. 그러나 하나님을 의지하면 소망이 됩니다.
시 71:14, 나는 항상 소망을 품고 더욱 더욱 주를 찬송하리로다.
딤 6:17, 모든 것에 후히 주시고 누리게 하시는 하나님께 소망을 두라.

하나님께 소망을 두는 자만이 찬송할 수 있는 법입니다. 어떠한 상황 속에서도 주님의 뜻이 있습니다.

3. 힘이 되시는 하나님

시 146:6, 여호와는 천지와 바다와 그 중의 만물을 지으시며 영원히 진실함을 지키시며

시 146:7, 압박당하는 자를 위하여 공의로 판단하시며 주린 자에게 식물을 주시는 자시로다 여호와께서 갇힌 자를 해방하시며

시 146:8, 여호와께서 소경의 눈을 여시며 여호와께서 비굴한 자를 일으키시며 여호와께서 의인을 사랑하시며

시 146:9, 여호와께서 객을 보호하시며 고아와 과부를 붙드시고 악인의 길은 굽게 하시는도다.

시 146:10, 시온아 여호와 네 하나님은 영원히 대대에 통치하시리로다 할렐루야 대대에 통치할 자는, 영원히 통치할 자는 힘있는 하나님이십니다. 능력이 되시는 하나님. 도움이 되시고 소망이 되시고 능력이 되시는 하나님. 창1:1 "태초에 하나님이 천지를 창조하시니라"

전능하신 하나님. 창조주 하나님. 여호와는 천지와 바다와 그 중의 만물을 지으시며 영원히 진실함을 지키시는 능력의 하나님이십니다. 사람을 의지하지 마시고 하나님만을 의지하시기 바랍니다.

시 18:1 "나의 힘이 되신 여호와여 내가 주를 사랑하나이다."

도움과 보호가 되시는 하나님.
소망이 되시는 하나님.
능력이 되시는 하나님.
오늘 이 하나님을 "할렐루야 내 영혼아!" 찬송하시기 바랍니다.

7. 소생의 하나님

♥ 시 23:3, 내 영혼을 소생시키시고 자기 이름을 위하여 의의 길로 인도하시는도다.

♪ **주는 나를 기르시는 목자요** 570장

1. 주는 나를 기르시는 목자요 나는 주님의 귀한 어린양
   푸른 풀밭 맑은 시냇 물가로 나를 늘 인도하여 주신다
2. 예쁜 새들 노래하는 아침과 노을 비끼는 고운 황혼에
   사랑하는 나의 목자 음성이 나를 언제나 불러주신다
3. 못된 짐승 나를 해치 못하고 거친 비바람 상치 못하리
   나의 주님 강한 손을 펼치사 나를 주야로 지켜 주신다

후렴) 주는 나의 좋은 목자 나는 그의 어린 양
   철을 따라 꼴을 먹여주시니 내게 부족함 전혀 없어라. 아멘

시 69:32, 곤고한 자가 이를 듣고 기뻐하나니 하나님을 찾는 너희들아 너희 마음을 소생하게 할지어다.

시 80:18, 그리하시면 우리가 주에게서 물러가지 아니하오리니 우리를 소생하게 하소서 우리가 주의 이름을 부르리이다.

=창 45:21-28 〈바로의 귀하고 많은 선물, 수레를 야곱이 보고 소생함〉

요셉은 바로의 명령대로 형들에게 수레 몇 대를 주었고 여행에 필요한 음식도 형들에게 갈아입을 옷도 챙겨 주었습니다. 특히 베냐민에게는 옷을 다섯 벌 또 은 삼백 세겔도 주었습니다.

요셉은 자기 아버지에게 드릴 가장 좋은 물건들을 나귀 열 마리에 실었고 암나귀 열 마리에는 필요한 곡식과 빵과 다른 것들을 보냈습니다. … 형들은 야곱에게 말하기를 "요셉이 아직 살아있습니다. 애굽의 총리가 되었습니다. 그들의 아버지는 너무나도 놀라 믿으려 하지 않았습니다. 보낸 수레를 보고야 기운이 소생한 것입니다.

=막 8:1-10 〈불쌍히 여기사 4,000명을 먹이신 예수님〉

갈릴리 광야에 큰 무리가 모여 들었습니다. … 예수님께서 물으셨습니다. "너희에게 빵이 얼마나 있느냐?", "일곱 개가 있습니다."

예수님께서 사람들에게 땅에 앉으라고 지시하신 뒤 일곱 개의 빵을 가지고 축복하셨습니다. 그리고 빵을 떼어 제자들에게 주시면서 사람들에게 나누어 주도록 하셨습니다. 제자들이 빵을 나누어 주었습니다. 제자들에게 조그마한 생선도 몇 마리 있었습니다. 예수님께서 축복하신 후 마찬가지로 나누어 주라고 하셨습니다. 모든 사람들이 배불리 먹었습니다. 그리고 먹고 남은 빵조각을 일곱 개의 커다란 광주리에 모았습니다. 그곳에는 약 4,000명 정도의 사람들이 있었습니다. 예수님께서 그들을 집으로 흩어 보냈습니다..

소생시키시는 하나님 시 23:3

나의 목자는 누구입니까? 예수님이십니다. 더 놀라운 것은 참 목자께서 양을 구하기 위해 '세상 짐을 지고 가는 어린양'이 되어 주셨습니다. 목자가 양이 된 것입니다. 양이 되셔서 피를 흘리시므로, 산 재물이 되어 주시므로, 사망의 권세로부터 우리를 구원해 주신 것 입니다.

우리는 양입니다. 양이 누리는 복은 목자의 인도하심을 받을 때 입니다. 새로운 힘을 능력을 주시는 하나님은 우리를 소생시키십니다

1. 만족의 복
"여호와는 나의 목자시니 내게 부족함이 없으리로다." 주님이 내 복의 근원이라는 사실을 깨닫기 바랍니다. 목자를 떠나서는 내 앞에 꼴이 아무리 많아도 불안하고 두렵습니다.

2. 안식의 복
"그가 나를 푸른 초장에 누이시며 쉴만한 물가로 인도하시는도다." 말세의 현상중 하나로 인생은 밤낮 쉼을 얻지 못하는 것입니다.(계 14:11)

그러므로 쉼을 얻는 것은 사람에게 복입니다. 조그마한 구멍가게를 하면서도 근심으로 사는 사람이 있는가 하면 수억불 사업을 하는 사람도 평안가운데 하는 사람이 있습니다. 쉼을 얻어야 합니다.

마 11:28, "수고하고 무거운 짐진자들아 다 내게로 오라. 내가 너희를 편히 쉬게 하리라. 내 짐은 쉽고 가벼우니라." 예수 믿는 것은 쉽고 가볍습니다. 내 힘으로 신앙생활 하려 하니 어렵고 무거운 것입니다. 그러나 성령을 의지하고 예수님을 나의 목자로 삼고 가면 모든 것이 가볍고 모든 것이 쉽게 됩니다.

3. 회복의 복
"내 영혼을 소생시키시고 자기 이름을 위하여 의의 길로 인도하시는도다." 영혼의 문제가 해결되지 않으면 다른 어떤것도 회복되지 않습니

다. 사람과 동물이 다른건 영혼이 있느냐 없느냐의 차이입니다. 사람의 문제중 가장 먼저 해결보아야 하는건 영혼의 문제입니다. 사람은 영혼이 거듭나고 소생되어야 사는 존재입니다.

4. 보호의 복
"내가 사망의 음침한 골짜기로 다닐지라도 해를 두려워하지 않을 것은 주께서 나와 함께 하심이라 주의 지팡이와 막대기가 나를 안위하시나이다." 주님의 약속 때문에 우리는 두려움이 없어야 합니다. 하나님이 우리를 보호하십니다.

5. 풍성한 복
"주께서 내 원수의 목전에서 내게 상을 베푸시고 기름으로 내 머리에 바르셨으니 내 잔이 넘치나이다."
여러분, 예수님이 왜 선한 목자이십니까?
생명주고 풍성함을 주시기 때문입니다. 넘치는 충만한 은혜 누리시는 성도 여러분 되시기 바랍니다.

6. 천국의 복
"나의 평생에 선하심과 인자하심이 정녕 나를 따르리니 내가 여호와의 집에 영원히 거하리로다." 여호와의 집에 영원히 거한다는 것은 천국에 거하는 것 입니다. 거기까지는 푸른 초장도 있고 사망의 음침한 골짜기기 있는 것이 사실입니다. 그러나, 중요한 것은 그 가운데 하나님의 선하심과 인자하심이 정녕히 나를 따른다는 사실입니다.

밤이 새도록 아흔 아홉 마리를 뒤로하고 그 한 마리를 찾아 나선 선한 목자가 바로 우리 주님, 우리 주님의 사랑입니다. 그 사랑 안에서 감사와 만족이 넘치는 천국 삶을 사시기를 축원합니다.

8. 보응의 하나님

♥ 눅 23:41, 우리는 우리가 행한 일에 상당한 보응을 받는 것이니 이에 당연하거니와 이 사람의 행한 것은 옳지 않은 것이 없느니라 하고

♪ 여러 해 동안 주 떠나 278장

1. 여러 해 동안 주 떠나 세상 연락을 즐기고
 저 흉악한 죄에 빠져서 주 은혜를 잊었네
2. 죄악에 죽을 인생을 심히 불쌍히 여기사
 저 하늘의 영광 버리고 이 세상에 오셨네
3. 홍포를 입은 구주는 가시 면류관 쓰시고
 저 십자가 높이 달리사 그 아픔을 참았네
4. 미련한 우리 인생은 주의 공로를 모르고
 그 쓸쓸한 사막 가운데 늘 헤매고 다녔네
후렴) 오 사랑의 예수님 내 맘을 곧 엽니다
 곧 들어와 나와 함께하며 내 생명이 되소서 아멘

사 49:4, 나는 말하기를 내가 헛되이 수고하였으며 무익하게 공연히 내 힘을 다하였다 하였도다. 참으로 나에 대한 판단이 여호와께 있고 나의 보응이 나의 하나님께 있느니라.

암 3:14, 내가 이스라엘의 모든 죄를 보응하는 날에 벧엘의 제단들을 벌하여 그 제단의 뿔들을 꺾어 땅에 떨어뜨리고

=삿 3:7-11 <이스라엘이 메소보다미아 왕을 8년간 섬기다>

　이스라엘 백성은 여호와께서 보시기에 나쁜 일을 저질렀습니다. 이스라엘 백성이 하나님을 잊어버리고 대신 바알과 아세라를 섬겼습니다. 여호와께서는 분노하셨습니다.
　여호와께서는 북서쪽 메소보다미아 왕이 이스라엘 사람들을 다스리게 하셨습니다. 이들은 8년 동안 그 왕 밑에 있었습니다. 그 때에 이스라엘 사람들이 여호와께 부르짖었습니다. 그래서 여호와께서는 그들을 구하기 위해 한 사람을 세웠는데 그가 곧 그나스의 아들 옷니엘입니다. 옷니엘은 이스라엘 사람들을 구했습니다. 여호와의 신이 옷니엘에게 임하셔서 그가 이스라엘의 사사가 되어 전쟁터에 나갔습니다.
　여호와께서는 옷니엘을 도와 주셔서 북서쪽 메소보다미아 왕을 물리치게 하셨습니다. 그래서 옷니엘이 죽을 때까지 사십년 동안은 그 땅이 평화로웠습니다.

=마 23:29-35 <율법학자와 바리새파 위선자들이여
　　　　　　　너희에게 화가 있다>

　너희는 예언자들의 무덤, 의인의 묘비를 꾸미면서 '만일 우리가 우리 조상들이 살았던 때에 살았드라면 우리는 예언자들의 피를 흘리는 데 함께 하지 않을 것이다'고 말한다. 그러므로 내가 너희에게 예언자와 지혜있는 사람과 율법학자들을 보낸다. 너희는 이 사람들 가운데서 몇 명 죽이고, 회당에서 때릴 것이다. 따라서 의인 아벨의 피로부터 성전과 제단 사이에서 살해당한 스가랴의 피에 이르기 까지 너희는 세상에서 피를 흘린 의인에 대한 죄값을 치를 것이다.

보응의 하나님 사 49:4

1. 보응은 어떻게 하시나요
전 11:9 사람이 살면서 캄캄한 날이 많으리니 그날을 생각하라
단 7:10 심판의 책이 펴 놓였더라
요 12:48 마지막 때 그 말씀이 보응
딤전 5:24 죄가 밝히 드러나는데로 보응
계 20:13 사람이 자기 행한대로 갚으심

2. 보응을 받을 사람
사 59:18 악을 행하는 자를
렘 1:16 우상을 숭배하는 자
잠 19:29 거만한 자를
겔 18:30 회개치 아니함으로
딤전 5:12 믿음을 저버리는 자
히 2:3 구원을 등한히 여기는 자

3. 심판을 면하려면
시 64:9 하나님이 행하시는 일을 깊이 생각하라
시 119:120 모든 육체가 주를 두려워함으로 떨며
시 143:2 주의 종에게 심판을 행치 마소서 기도해야
요 5:24 하나님을 믿고 예수의 말씀을 믿음으로
요 12:48 예수님의 말씀을 받아야 한다
약 2:13 긍휼은 심판을 이기고 자랑하느니라
약 5:9 서로 원망하지 말아야
요일 4:17 사랑이 심판날에 담대함을 가지게 함

9. 응답의 하나님

♥ 시 91:15, 그가 내게 간구하리니 내가 그에게 응답하리라 그들이 환난 당할 때에 내가 그와 함께 하여 그를 건지고 영화롭게 하리라.

♪ 기도하는 이 시간 361장

1. 기도하는 이 시간 주께 무릎 꿇고 우리 구세주 앞에 다 나아가네
   믿음으로 나가면 주가 보살피사
2. 기도하는 이 시간 주가 곁에 오사 인자하신 얼굴로 귀 기울이네
   우리 마음 버리고 주를 의지하면
3. 기도하는 이 시간 주께 엎드려서 은밀하게 구할 때 곧 응답받네
   잘못된 것 아뢰면 측은히 여기사
후렴) 크신 은혜를 주네 거기 기쁨 있네
      기도 시간에 복을 주시네 곤한 내 마음속에 기쁨 충만하네

시 34:4, 내가 여호와께 간구하매 내게 응답하시고 내 모든 두려움에서 나를 건지셨도다.

사 58:9, 네가 부를 때에는 나 여호와가 응답하겠고 네가 부르짖을 때에는 내가 여기 있다 하리라.

=왕상 18:32 〈기도 응답이 커서 바알의 선지자를 격파하다〉

돌로 제단을 쌓고, 도랑 만들고, 송아지의 각을 떠서, 통 넷에 물을 가득 채우고, 저녁 소제 드릴 때에 엘리야가 기도하기를 "여호와여 주님이 이스라엘의 하나님이심을 증명해 주십시오. 그리고 제가 하나님의 종이라는 것과 주께서 저에게 명령하여 이 모든 일을 하게 하심을 이 백성에게 보여 주십시오" 했더니 여호와의 불이 하늘에서 떨어져 제물과 장작과 돌과 흙을 태우고 도랑의 물을 말렸습니다..

=눅 11:5-8 〈중단하지 말고 강청(끈질긴) 하라〉

예수님께서 제자들에게 말씀하셨습니다.
"너희 중 한 사람에게 친구가 있어 한밤중에 찾아와서 말했다.
'친구, 내게 빵 세 개만 빌려 주게 내 친구가 여행하여 내게로 왔는데 그에게 차려 줄 것이 하나도 없다네.' 그런 경우에 '나를 괴롭히지 말게! 문이 이미 잠겼고 내 아이들이 나와 함께 침대에 누웠다네 일어나서 자네에게 줄 수 없네' 하고 대답하겠느냐?
내가 너희에게 말한다. 친구라는 것만으로는 일어나 주지 않을 지라도 끈질기게 조르기 때문에 일어나 필요한 만큼 줄 것이다."

응답의 하나님 시 34:4

기도하는 자에게 하나님께서 어떤 응답를 주시는지 생각해보면서 은혜되시기를 바랍니다.

1. 하나님께서 가까이 하십니다.

하나님이 가까이 계셔서 지켜주고 인도해주시면 유한한 사람이라도 무한한 일을 할 수 있게 됩니다.

성경에 기록되어 있는 위대한 삶을 살았던 사람들을 보면 믿음으로 살 때 하나님이 함께 하셨습니다. 큰일들을 이루면서 살았지만 믿음으로 살지 않고 사람의 생각으로 살 때는 보통 사람들과 같이 유혹에도 잘 넘어가고, 죄도 짓고, 큰일도 못했습니다.

"여호와께서는 자기에게 간구하는 모든 자 곧 진실하게 간구하는 모든 자에게 가까이 하시는 도다."(시 145:18)

2. 죄를 용서받습니다.

"내가 이르기를 내 허물을 여호와께 자복하리라 하고 주께 내 죄를 아뢰고 내 죄악을 숨기지 아니하였더니 곧 주께서 내 죄의 악을 사하셨나이다[셀라]."(시 32:5)

다윗은 용서받지 못할 죄를 저질렀습니다. 그는 간음죄를 저질렀고, 그 간음죄를 감추기 위하여 살인죄까지 저질렀습니다. 그러한 죄를 저지른 결과 그는 종일 신음했다고 했습니다.

다윗은 사울에게 쫓겨 다닐 때보다 더 어두운 암흑 속에서 지냈습니다. 이와 같이 죄는 고통과 고난을 가져다줍니다.

"내가 내 마음에 죄악을 품으면 주께서 듣지 아니하시리라."(시 66:18)

죄를 용서받는 길은 기도를 통하여 하나님께 죄를 고백하고 회개하여 다윗과 같이 죄를 용서받는 것임을 기억하시기 바랍니다. 기도하는 자에게 주시는 하나님의 축복 가운데 죄에 대한 용서를 받는 것이 제일 큰 축복이라고 믿습니다.

3. 환란에서 건져주십니다.

"환난 날에 나를 부르라 내가 너를 건지리니 네가 나를 영화롭게 하리로다"(시 50:15)

인간을 병들게 하고, 죄의 침륜에 빠지게 하고, 실패하게 만들고, 실의와 낙망 속에 빠지게 하고, 전쟁과 분쟁을 일으키고, 우리 마음을 눌리게 만들고, 염려와 근심 속에 빠뜨리는 것은 모두 마귀의 역사라고 성경은 말씀합니다. 마귀는 하나님과 원수요(행 13:10), 거짓의 아비요(요 8:44), 환란을 가져다주고 미혹하는 미혹의 영(계 20:10)이라고 했습니다.

환란에서 어떻게 해결될 수 있을까요?

환란이 닥쳐왔을 때 주님을 부르면 주님께서 우리를 건져주시고 영화롭게 한다고 약속하고 계십니다(시50:15)

불치의 병들었던 히스기야 왕은 눈물의 기도로 나음을 받았습니다. 욥도 끊임없는 기도로 고난을 극복하고 승리를 거두었습니다. 예수님 자신도 말씀과 기도로써 마귀를 물리치셨습니다.

기도가 많은 사람들을 환란으로부터 구원해 주었음을 알 수 있습니다. 기도하면 반드시 환란에서 구원받음을 믿으시기 바랍니다. 이유는 마귀는 기도하는 자를 제일 무서워하기 때문입니다.

모든 일을 성취하시는 하나님께 나의 생활을 드리고 절대 위임의 신앙을 가질 때 환란이 극복됩니다

4. 기도하는 사람에게는 성령을 허락하십니다.

행 1:45에 예수님이 승천하시기 직전 제자들에게 분부하시기를 "너희는 예루살렘을 떠나지 말고 내게 들은바 아버지의 약속하신 것을 기다리라"고 했습니다. 예루살렘을 하나님께서 임재 하는 곳이라고 하면 아버지의 약속은 성령을 가리킨 말씀입니다.

기도를 시작한지 약 10일쯤 지난 오순절에 기도하던 120명은 성령이 임하여 모두가 함께 성령을 받았습니다. 사실상 기독교는 성령을 통하

여 그리스도인이 되고 교회를 교회되게 하는 역사를 일으킨 것입니다.

　-성령을 받으면 어떻게 됩니까?
　1. 예수 그리스도를 주로 시인할 수 있다고 합니다.
　"… 하나님의 영으로 말하는 자는 누구든지 예수를 저주할 자라 하지 않고 또 성령으로 아니하고는 누구든지 예수를 주시라 할 수 없느니라."(고전 12:3)
　예수님을 구세주로 영접하고 고백하고 믿을 때에야 진정한 그리스도인이 될 수 있습니다. 이런 고백은 성령 받았을 때 가능해집니다.
　2. 하나님의 깊은 영적인 세계를 이해하게 됩니다.
　"오직 하나님이 성령으로 이것을 우리에게 보이셨으니 성령은 모든 것 곧 하나님의 깊은 것이라도 통달하시느니라."(고전 2:10)
　어떤 사람들은 예수님을 동정녀 탄생을 부인합니다. 예수님의 부활을 부인합니다. 홍해가 갈라진 것도 부인합니다. 오병이어의 기적을 부인합니다. 하지만 성령을 받으면 하나님의 신비한 영적인 세계를 깨닫게 됩니다.

10. 인자의 하나님

♥ 출 34:6, 여호와께서 그의 앞으로 지나시며 선포하시되 여호와라 자비롭고 은혜롭고 노하기를 더디하고 인자와 진실이 많은 하나님이라

♪ 나의 맘에 근심 구름 83장

1. 나의 맘에 근심 구름 가득하게 덮이고 슬픔 눈물 하염없이 흐를 때
   인자하고 부드러운 음성으로 부르사 나를 위로할 이 누가 있을까
2. 무거운 짐 등에 지고 인생길을 가는자 힘이 없어 쓰러지려 할 때에
   능력 있는 팔을 펴서 나의 손을 붙들어 나를 구해줄이 누가 있을까
3. 지은 죄를 돌아보니 부끄럽고 괴로워 자나깨나 맘에 평안 없을 때
   추한 죄인 용납하사 품에 안아주시고 깨끗하게 하시 이가 누굴까
4. 요단강을 건너가서 시온 성을 향한 때 나와 항상 동행할 이 누굴까
   두려움의 검은 구름 모두 헤쳐버리고 나의 갈 길 인도할 이 누굴까

후렴) 주 예수 주 예수 주 예수 밖에 누가 있으랴
　　　슬퍼 낙심될 때에 내 친구 되시는 구주밖에 다시 없도다

시 40:10, 내가 주의 공의를 내 심중에 숨기지 아니하고 주의 성실과 구원을 선포 하였으며 내가 주의 인자와 진리를 많은 회중 가운데에서 감추지 아니 하였나이다.

롬 11:22, 그러므로 하나님의 인자하심과 준엄하심을 보라 넘어지는 자들에게는 준엄하심이 있으니 너희가 만일 하나님의 인자하심에 머물러 있으면 그 인자가 너희에게 있으리라 그렇지 않으면 너도 찍히는 바 되리라.

=출 34:1-11 〈모세가 새 돌판을 통하여 하나님의 인자를 믿음〉

여호와께서 모세에게 말씀 하셨습니다. "처음 것과 같은 돌판 두 개를 깎아라. 네가 깨뜨려 버린 처음 돌판에 썼던 것과 똑같은 글을 거기에 써 주겠다. 내일 아침까지 준비한 다음 아침에 시내산으로 올라와서 산꼭대기에 내 앞에 서라. 아무도 너를 따라오지 못하게 하여라. 산에 그 누구의 모습도 보이면 안 된다. 산 근처에서는 양이나 소에게도 풀을 뜯게 하지 마라."

모세는 처음 것과 같은 돌판 두 개를 깎아 일찍이 시내산에 올라가 명령하신 대로 했습니다. 그러자 여호와께서 구름 속으로 내려 오셔서 모세와 함께 서셨습니다.

여호와께서 모세 앞을 지나가시며 "나는 여호와이다. 여호와는 자비롭고 은혜로운 하나님이다. 나는 그리 쉽게 노하지 않으며 사랑과 진실이 큰 하나님이다. 나는 수천대에 이르기까지 한결같은 사랑을 베풀며 잘못과 허물과 죄를 용서할 것이다. 하지만 죄를 그냥보고 넘기지 않겠다. 나는 죄를 지은 사람뿐만 아니라 그의 삼대나 사대 자손에게 까지 벌을 내릴 것이다."

모세는 급히 엎드려 절을 했습니다. 모세가 말했습니다. "주님 제가 주님께 은혜를 입었다면 저희와 함께 가 주십시오. 비록 이 백성은 고집이 센 백성이지만 저희의 잘못과 죄를 용서해 주십시오. 저희를 주님의 백성으로 삼아 주십시오."

여호와께서 말씀 하셨습니다. … "너희와 함께 사는 모든 백성이 여호와의 일을 보게 되리니 내가 너희에게 놀라운 일을 행할 것이다. 내가 오늘 너희에게 명령하는 것을 지켜라. 그러면 내가 너희 원수들을 너희 땅에서 쫓아내겠다."

인자의 하나님 롬 11:22

이스라엘 백성은 원래는 참 감람나무에 붙어 있는 자들이었는데 꺾임을 받았습니다. 하나님은 이스라엘을 전혀 아까워하지 않고 잘라내셨습니다. 죄에 대해서는 철저하게 엄위한 분이시기 때문입니다. 이스라엘의 죄는 무엇입니까? 높은 마음을 품은 것입니다. 하나님의 인자에 거하지 않은 것입니다.

만약 이스라엘이 하나님의 인자하심에 거하였다면 결코 자신의 행위를 자랑하거나 높은 마음을 품지 않았을 것입니다. 하나님의 인자에 거한다는 것은, '내가 사는 것은 오직 하나님의 인자하심의 결과다'는 사고방식으로 살아가는 것을 말합니다. 그렇다고 해서 이런 생각만 하면 된다는 것이 아닙니다. 인자하심에 거하고, 인자하심에 감사하며 살아가는 그 증거가 삶에서 나타나야 합니다.

하나님의 인자하심에 거한다면 그것은 자신의 죄를 안다는 뜻입니다. 자신의 죄를 알지 못하고서 하나님의 용서를 알 수 없고, 하나님의 용서도 모르면서 하나님의 인자를 말할 수 없기 때문입니다. 따라서 인자하심에 거한다는 것은 단순히 '하나님은 인자하신 분이다'는 고백을 말하는 것이 아니라 자신의 악함을 알고 하나님의 용서받음으로 인해서 새로운 생명을 얻은 자가 되었다는 것을 알고 살아가는 것을 말합니다. 이것이 인자하심에 거합니다. 그렇다면 인자하심에 거하는 자에게서 나올 것은 무엇이겠습니까?

하나님의 인자하심이 나와야 합니다. 그렇다고 해서 인자한 얼굴을 해야 한다는 것이 아닙니다. 우리의 허물과 악함을 보지 않으시고 그리스도의 의의 피로서 우리를 용서하시고 백성 삼으신 그 인자하심이 나와야 합니다. 그것은 결국 용서하는 삶으로 나타나게 됩니다.

하나님의 인자하심을 아는 신자라면 하나님의 불쌍히 여기심으로 인해서 살아났음을 잊지 않습니다. 나는 용서받아야 할 사람에 지나지 않는다는 그 마음이 생생하게 살아있는 사람입니다. 그 마음이 곧 사랑입니다. 사랑하라는 것, 어려운 이웃을 도와주라는 것이 아닙니다. 사랑하는 것은 누구를 대하든 '나는 용서받아야 할 사람입니다'는 마음으로 대하라는 것입니다. '내가 용서받아야 할 사람인데 내가 누구를 용서할 자격이 있는가?' 이것을 가리켜서 사랑이라고 말합니다. 결국 사랑으로 살아갈 수 있는 사람은 하나님의 용서를 알고 주님의 사랑을 입은자 밖에는 없는 것입니다.

하나님의 인자하심에 거한다면 그것은 분명히 삶에서 확인되어집니다. 인자하심에 거하는 것은 분명 우리 죄를 위해 죽으신 그리스도의 사랑에 거한다는 뜻입니다. 그런데 사랑에 거한다고 하면서 어떻게 형제를 미워할 수 있겠습니까? 이웃은 사랑의 대상이지 다툼이나 경쟁의 대상이 아님을 알아야 합니다.

하나님에게 찍힌 바 된 것은 그들에게 하나님의 엄위가 있었기 때문입니다. 하나님은 왜 이스라엘을 찍으셨습니까? 하나님의 인자하심에 거하지 않았기 때문입니다. 그들은 자기의 의를 토대로 살았습니다. 하나님의 인자하심이 나를 살린 것이 아니라 자신들의 의의 행위가 생명을 지탱하고 있는 것으로 여긴 것입니다. 그래서 찍어버린 것입니다.

이것은 우리도 다를 바가 없습니다. 인자에 거하지 않은 이스라엘을 찍어 버리신 엄위의 하나님이시라면 그 엄위는 우리에게도 있습니다. 하나님의 인자에 거하지 않을 때 찍어 버리시는 것입니다. 신자는 하나님의 인자하심으로 산 자입니다. 하나님은 누구든 인자에 거하는 자는 감람나무에 접붙이십니다. 그들이 설사 찍힘을 받은 이스라엘이라고 할지라도 말입니다.

하나님의 인자에 거하는 신자에게서만 사랑이 나옵니다. 그에게서만 겸손이 나오고 화평이 나오고 온유와 인내와 절제와 오래 참음이 나옵니다. 여러분에게서는 무엇이 나옵니까? 여러분의 삶을 통해서 보여지는 것으로서 여러분이 과연 하나님의 인자하심에 거하고 살아가는지 확인하시기 바랍니다.

높은 마음으로 사는 자에게는 하나님의 엄위가 있습니다. 그 엄위는 높은 마음을 찍어 버릴 것입니다. 높은 마음은 하나님이 용납하지 않는 마음이기 때문입니다. 하나님이 인정하시는 마음은 인자에 거하는 마음입니다.

여러분이 '나는 주님의 은혜가 아니면 죽을 자에 지나지 않은 악한 자입니다'라는 고백으로 사신다면 여러분은 이미 하나님의 능력을 입었습니다. 항상 하나님의 인자하심을 생각하시고, 그 인자가 드러난 그리스도의 십자가를 의지하면서 주님의 희생과 사랑을 마음껏 보이며 살아가는 삶이 되시기를 축복합니다.

11. 신실의 하나님

♥ 사 49:7, 이스라엘의 구속자 이스라엘의 거룩한 이이신 여호와께서 사람에게 멸시를 당하는자 백성에게 미움을 받는자 … 왕들이 보고 일어서며 고관들이 경배하리니 이는 이스라엘의 거룩하신 이 신실하신 여호와 그가 너를 택하였음이니라.

♪ 오 신실 하신 주 393장

1. 오 신실하신 주 내 아버지여 늘 함께 계시니 두려움없네
   그 사랑 변찮고 날 지키시며 어제나 오늘이 한결같네
2. 봄철과 또 여름 가을과 겨울 해와 달 별들도 다 주의 것
   만물이 주 영광 드러내도다 신실한 주 사랑 나타내내
3. 내 죄를 사하여 안위하시고 주 친히 오셔서 인도하여
   오늘의 힘되고 내일의 소망 주만이 만복을 내리시네
후렴) 오 신실하신 주 오 신실하신 주 날마다 자비를 베푸시며
   일용할 모든 것 내려주시니 오 신실하신 주 나의 구주

신 7:9, 그런즉 너는 알라 오직 네 하나님 여호와는 하나님이시오 신실하신 하나님이시라 그를 사랑하고 그의 계명을 지키는 자에게는 천대까지 그의 언약을 이행하시며 인애를 베푸시되

호 11:12, 에브라임은 거짓으로 이스라엘 족속은 속임수로 나를 에워쌌고 유다는 하나님 곧 신실하시고 거룩하신 자에 대하여 정함이 없도다.

=수 14:6-10 〈신실하신 갈렙이 땅을 요구하여 승락하다〉

유다 지파의 갈렙이 여호수아에게 왔습니다.
"내가 40세가 되었을 때에 여호와의 종인 모세는 우리가 들어갈 땅을 살펴보고 오라고 나를 정탐꾼으로 보냈습니다. 돌아와 그 땅에 대한 자세한 것을 모세에게 말했고 같이 갔던 다른 사람들은 백성에게 겁을 주는 말을 했지만 나는 여호와의 말을 다 믿었습니다. 그날 모세는 나에게 당신이 들어갔던 땅은 당신의 땅이 될 것이오. 당신이 하나님을 신실히 믿었기에 당신에게 주겠소 하며 약속했습니다. 그 이후 45년을 더 살게 해 주었습니다. 그간 우리는 광야에 떠돌아 다녔고 이제 85세가 되었습니다. 나는 튼튼 합니다.얼마든지 그때처럼 싸울 수 있으니 약속의 산지를 주십시오. 이곳의 성들은 크고 견고하나 주의 말씀처럼 이길 수 있습니다."
여호수아는 복을 빌고 헤브론 성을 주었습니다.

=행 18:1-8 〈바울이 아굴라(브리스길라) 를 만나 전도에 힘씀〉

바울이 같이 천막업의 아굴라 가족을 만나 로마에서 고린도로 온 자였습니다. 바울은 찾아가 말하고 안식일마다 유대인과 그리스인과 토론을 하면서 설득을 하며 증언을 했습니다. 아굴라 가족은 여러면으로 바울의 사역을 도왔습니다. 사람들이 바울에게 욕하고 대드는 일로 "여러분이 구원을 얻지 못한다면 그것은 여러분의 책임입니다. 이제 나는 이방인으로 가겠습니다." 바울은 회당에서 나와 유스도라는 사람의 집으로 갔습니다. 그는 하나님을 경외하는 이방인이었습니다. 전하니 회당장 그리스보와 그의 온 집안 식구가 주님을 믿었습니다. 고린도의 많은 사람들이 이 소식을 듣고 예수님을 믿고 세례를 받았습니다.

신실의 하나님 신7:9

우리 하나님은 우리로 하여금 선을 행하고 계명 지키기를 바라고 계십니다. 그 이유는 우리에게서 선한 구실을 찾아 축복하시기 위하심입니다.

하나님이 이스라엘을 광야에서 죽게 하려고 애굽에서 이끌어 내신 것이 아닙니다. 하나님은 이스라엘 백성들에게 축복의 가나안을 주시려고 이끌어 내신 것입니다. 그러므로 이스라엘 백성은 모세를 믿고, 인내했어야 합니다. 참 인내는 믿음에서 나오는 것입니다. 믿음이 있을 때 우리는 어떤 어려움도 잘 참고 인내할 수가 있습니다. 그러나 믿음이 없을 때 우리는 쉽게 넘어지게 됩니다.

1. 하나님께서 이기게 해 주십니다.

본문 1-2절에 보면 "네 하나님 여호와께서 너를 인도하사 네가 가서 얻은 땅으로 들이시고 네 앞에서 여러 민족 헷 족속과 기브스 족속과 아모리 족속과 가나안 족속과 브리스 족속과 히위 족속과 여브스 족속 곧 너보다 많고 힘이 있는 일곱 족속을 쫓아내실 때에 네 하나님 여호와께서 그들을 네게 붙여 너로 치게 하시리니 그 때에 너는 그들을 진멸 할 것이라"고 했습니다. 이 말씀에서 중요한 부분은 〈 너보다 많고 힘이 있는 일곱 족속을 〉 이기게 해 주신다라는 말씀입니다.

2. 그들과 가까이 하지 말아야 합니다.

본문 2-3절에 보면 이런 말씀이 있습니다. "그들과 무슨 언약도 말 것이요 그들을 불쌍히 여기지도 말 것이며 또 그들과 혼인하지 말지니 네 딸을 그 아들에게 주지 말 것이요 그 딸로 네 며느리를 삼지 말라"고 했습니다. 본문은 이스라엘 백성들에게 가나안 백성들과 가까이 하지 말 것을 간절하게 당부하고 있습니다.

여러분, 모세는 오늘 본문에서 가나안 일곱 족속들과 가까이 지내지 말라고 당부하고 있습니다. 그 이유를 4절에서 밝히고 있습니다. "그가 네 아들을 유혹하여 그로 여호와를 떠나고 다른 신을 섬기게 하므로 여호와께서 너희에게 진노하사 갑자기 너희를 멸하실 것임이니라"고 했습니다.

여러분, 성도라는 말이 무엇입니까? 성도란 거룩하게 구별된 하나님의 백성이라는 뜻입니다. 그러므로 우리 믿는 사람들은 구별되게 살아야 합니다.

3. 하나님께서 사랑하십니다.

본문 9절에서 모세는 이렇게 말씀하고 있습니다. "여호와께서 다만 너희를 사랑하심을 인하여 또는 너의 열조에게 하신 맹세를 지키려 하심이라"고 했습니다. 하나님께서 항상 이스라엘 편에 서 주시고, 이기게 해 주시고, 보호해 주시는 이유가 무엇입니까? 이유는 하나님께서 이스라엘 백성을 사랑하시기 때문이라고 밝히고 있습니다. 그리고 그 조상에게 약속한 맹세를 지키기 위함이라고 말씀하고 있습니다.

여호와를 사랑하고 그 계명을 지키는 백성은 하나님께서 무조건 그를 사랑하시기 때문에 우리가 혹시 실수를 했어도 용서해 주시며, 우리가 못나고 부족할 지라도 하나님은 항상 우리편이 되어 주셔서 우리로 하여금 이기게 해 주시고, 도와주십니다.

그러므로 아무리 어려워도 주님은 항상 나와 함께 하시며, 절대로 나는 망하지 않는다는 확신으로 더욱더 그를 사랑하고 계명을 지키는 성도가 되시기 바랍니다.

12. 성취의 하나님

> ♥ 전 11:5, 바람의 길이 어떠함과 아이 밴 자의 태에서 뼈가 어떻게 자라는 지를 네가 알지 못함 같이 만사를 성취하시는 하나님의 일을 네가 알지 못하느니라.

♪ 천성을 향해 가는 성도들아 359장

1. 천성을 향해 가는 성도들아 앞길에 장애를 두려워 말라
   성령이 너를 인도하시리니 왜 지체를 하고 있느냐
2. 너 가는 길을 누가 비웃거든 확실한 증거를 보여주어라
   성령이 친히 감화하여 주사 그들도 참 길을 찾으리
3. 너 가는 길을 모두 가기 전에 네 손에 든 검을 꽂지 말아라
   저 마귀 흉계 모두 깨뜨리고 끝까지 잘 싸워 이겨라

후렴) 앞으로 앞으로 천성을 향해 나가세
   천성문만 바라고 나가세 모든 천사 너희를 영접하러
   문 앞에 기다려 서 있네

렘 33:2, 일을 행하시는 여호와 그것을 만들며 성취하시는 여호와 그의 이름을 여호와라 하는 이가 이와 같이 이르시도다.

=민 14:13-23 〈백성을 위한 모세의 기도와 불평하다 벌받은 백성〉

모든 백성은 큰 소리로 울면서 모세와 아론에게 불평 했습니다. 심지어 지도자를 뽑아서 애굽으로 돌아가자고도 했습니다. 여호수아와 갈렙은 옷을 찢으면서 까지 하나님께서 자비를 베푸사 그 땅을 주신다고 하며 하나님을 배반하지 말자고 하였습니다. … 여호와께서 모세에게 말씀 하셨습니다. "내가 이들 가운데서 기적을 일으켰는데도 이 백성이 언제까지 나를 멸시할 것이야? 언제까지 나를 믿지 않을 것이냐? … 여호와께서는 크신 능력으로 애굽에서 인도해 내셨습니다. 애굽 사람은 이미 여호와에 대해 알고 있습니다. … 그들은 여호와의 구름이 여호와의 백성 위에 머문다는 것과 여호와께서 낮에는 구름으로 밤에는 불로 여호와의 백성을 인도하신다는 것도 알고 있습니다. ‥‥

여호와께서는 '나는 그리 쉽게 노하지 않는다. 나는 한결같은 사랑의 하나님이다. 나는 허물과 죄를 용서해 준다. 하지만 나는 죄를 그냥 보아 넘기지는 않는다. 나는 죄지은 사람뿐만 아니라 그의 삼대나 사대 자손에게 까지 벌을 내린다'라고 말씀하셨습니다. 네가 구한대로 용서해 주겠다 … 그러나 한가지 약속을 하겠다. 이 백성은 내 영광을 보았고 내가 애굽과 광야에서 일으킨 기적을 보았다. 그러나 그들은 나의 말을 따르지 않고 열 번이나 나를 시험했다. 그러므로 어느 누구도 내가 그들의 조상에게 약속한 땅을 보지 못할 것이다. … 그러나 내 종 갈렙은 온전히 따르고 있다. 나는 데리고 가겠다.. 그리고 그의 자녀들은 그 땅을 차지하게 될 것이다.

성취의 하나님 렘 33:2

오늘 우리에게 큰 위로의 말씀이 있습니다. 그 말씀이 바로 예레미야 33장 2-3절입니다.

1. 너는 내게 부르짖으라

너희는 내게 부르짖으라고 말했었습니다. 시편 91편 15절에 "그가 내게 간구하리니 내가 그에게 응답하리라 그들이 환난 당할 때에 내가 그와 함께 하여 그를 건지고 영화롭게 하리라"고 말씀하셨습니다.

우리의 간구를 듣기를 원하시는 하나님인 것입니다. 간구라는 것은 마음이 애타서 끌어 오르는 간절한 부르짖음을 말합니다. 기도할 때 흑암의 세력을 물리치고 하나님 보좌에 기도가 상달됩니다. 왜, 우리가 기도하는 것입니까? 우리의 문제를 해결하실 수 있는 하나님이 계시기 때문에 합니다.

예레미야 33장 2절부터 일을 행하시는 야훼, 그것을 만들며 성취하시는 야훼, 그의 이름을 야훼라 하는 이가 이와 같이 이른다고 말씀하신 것입니다.

우리가 부르짖어야 우리의 부르짖음을 받아서 일을 행하시고 그 일을 지어 성취하시는 야훼라는 것입니다. 우리 성도의 부르짖음을 통해서 하나님은 그 기도를 들으시고 일을 행하시고 일을 지으시고 하나님의 역사를 베풀어 주시는 것입니다. 주님께서는 우리가 기도할 때 주님께로 나와서 기도하라고 말씀합니다.

'부르짖으라'는 말은 히브리어 '카라'에서 나온 말로서 '절규하다'라는 뜻을 담고 있는 것입니다. 경주장에서 달리는 선수들은 골인점이 눈앞에 보이면 속도를 더 이상 늦출 수 없습니다. 오직 골인 점을 향해서 있는 힘을 다해서 죽도록 뛰는 것입니다. 남은 힘이라고는 조금도 없이 기진맥진 할 때까지 뛰는 것입니다. 바로 부르짖는다는 의미는 그와 같은 의미인 것입니다.

2. 내가 네게 응답하겠고

우상과 사신은 응답하지 못합니다. 이스라엘 백성들이 다 엎드려서 야훼 그는 참 하나님이라고 고함을 부르짖게 만든 것입니다. 오늘날도 하나님은 우리가 부르짖을 때 하늘에서 응답합니다. 우상과 사신이 응답하는 것이 아닙니다.

요한복음 14장 13-14절에 "너희가 내 이름으로 무엇을 구하든지 내가 행하리니 이는 아버지로 하여금 아들로 말미암아 영광을 받으시게 하려 함이라 내 이름으로 무엇이든지 내게 구하면 내가 행하리라."

엄청난 약속이 아닙니까? 무엇이든지 큰일이나 적은일이나 가능한 일이나 불가능한 일이나 야훼께 주 예수 그리스도 이름으로 기도하면 주님께서 시행하시겠다고 말씀하신 것입니다.

3. 네가 알지 못하는 크고 은밀한 일을 보여주겠다.

기도는 우리가 아는 방법으로 올 때도 있지만 우리가 전혀 알지 못하는 크고 은밀한 방법으로 응답할 때가 많은 것입니다. 비밀한 길은 우리가 모릅니다. 모르는데 우리는 절망의 벽에 부딪쳐서라도 하나님은 길이 있으니까 부르짖는 것입니다.

시편 121편 1-2절에 "내가 산을 향하여 눈을 들리라 나의 도움이 어디서 올까 나의 도움은 천지를 지으신 야훼에게서로다."
로마서 8장 32절에 "자기 아들을 아끼지 아니하시고 우리 모든 사람을 위하여 내주신 이가 어찌 그 아들과 함께 모든 것을 우리에게 주시지 아니하겠느냐."

아들을 주신 하나님이 그 아들과 함께 무엇을 선물로 주지 않으시겠습니까? 우리가 마음속에 하나님 제일주의로 살고 하나님을 섬기기 위해서 살면은 하나님은 우리의 기도를 들어 주시고 은혜를 베풀어 주시는 것입니다.

　하나님의 뜻을 따라 하나님의 영광을 위해서 하나님의 인도를 받는 사람은 어느 곳에 가서 어떠한 어려운 고비에 처할지라도 하나님이 해결책을 만들어 놓은 것입니다. 방책이 없는 곳에 하나님의 방책을 만들어 놓으신 것입니다.

　다 기적을 행하시는 하나님이십니다. 늘 성취하시는 하나님을 의지하여 승리로 기뻐하고 찬송하시는 여러분이 되시기를 축원합니다.

13. 만물의 하나님

> ♥ 렘 10:16, 야곱의 분깃은 이같지 아니하시니 그는 만물의 조성자요 이스라엘은 그의 기업의 지파라 그 이름은 만군의 여호와시니라

♪ **만유의 주재** 32장

1. 만유의 주재 존귀하신 예수 사람이 되신 하나님
  나 사모하여 영원히 섬길 내 영광 되신 주로다
2. 화려한 동산 무성한 저 수목 다 아름답고 묘하나
  순전한 예수 더 아름다워 봄 같은 기쁜 주시네
3. 광명한 해와 명랑한 저 달빛 수많은 별들 빛나나
  주 예수 빛은 더 찬란하여 참 비교할수 없도다. 아멘

요 1:3, 만물이 그로 말미암아 지은 바 되었으니 지은 것이 하나도 그가 없이는 된 것이 없느니라.

골 1:16, 만물이 그에게 창조되되 하늘과 땅에서 보이는 것들과 보이지 않는 것들과 혹은 왕권들이나 주권자들이나 통치자들이나 권세들이나 만물이 다 그로 말미암고 그를 위하여 창조되었고

=창 2:4-24 〈만물과 인간 창조의 하나님의 역사〉

하늘과 땅이 만들어지던 때 곧 여호와 하나님께서 땅과 하늘을 만드셨을 때의 이야기는 이러 합니다. … 여호와 하나님께서 땅의 흙으로 사람을 지으셨습니다. 그리고 사람의 코에 생명의 숨을 불어 넣으시니 사람이 생명체가 되었습니다.

여호와 하나님께서 동쪽 땅 에덴에 동산을 만드시고, 지으신 사람을 그 곳에서 지내게 하셨습니다. 여호와 하나님께서 아름답고 먹기 좋은 열매를 맺는 온갖 나무들을 그 곳에서 자라나게 하셨습니다. 동산 한 가운데에는 생명나무와 선악을 알게 하는 나무도 있었습니다.

… 여호와 하나님께서 만드신 사람을 데려다가 에덴동산에 두시고 그 동산을 돌보고 지키게 하셨습니다. "너는 동산에 있는 모든 나무의 열매를 마음대로 먹어라. 그러나 선악을 알게 하는 나무의 열매만은 먹지 마라. 만약 그 나무의 열매를 먹으면 너는 반드시 죽을 것이다."

여호와 하나님께서 말씀하셨습니다. "남자가 혼자 있는 것이 좋지 않으니 내가 그에게 그를 도울 짝을 만들어 줄 것이다." … 그리고는 아담을 깊이 잠들게 하시고 아담의 갈비뼈 하나를 꺼내시고 그 자리를 살로 메우셨습니다. 그리고는 갈비뼈로 여자를 만드시고 그녀를 아담에게 데리고 가셨습니다.

만물의 하나님 요 1:3

하나님은 창조주이시고 절대주권자이십니다. 하나님께서는 천지를 지으실 때나 인류 구원의 제물이 되실 때도 사람에게 도와달라고 말하지 않으셨습니다.

1. 천지와 만물이 다 이루어지니라

우리가 천지와 만물이 다 이루었다 하는 과정을 보면 하나님께서 말씀으로 천지를 지으실 때 엿새 동안 지으셨습니다. 첫째 날에 빛을 지으시고, 둘째 날에 궁창을, 셋째 날에 바다, 땅, 식물 넷째 날에 해, 달, 별 다섯째 날에 새와 물고기, 여섯째 날에 동물과 사람을 지으셨습니다.

창세기 1장 31절에 "하나님이 지으신 그 모든 것을 보시니 보시기에 심히 좋았더라 저녁이 되고 아침이 되니 이는 여섯째 날이니라." 하나님이 지으신 그 모든 것을 보니 보시기에 심히 좋았더라.

우리가 육안으로 볼 수 있는 별의 수가 약 10만개이며 최신의 전자 망원경을 가지고 한 은하 안에서 볼 수 있는 별의 수는 2000억 개가 된다고 합니다. 하나님은 굉장히 자세하시지 않습니까? 지금 반짝거리는 별빛은 10만 광년 전에 반짝였던 빛이 오늘 밤에, 우리 눈에 들어온다는 것입니다. 빛이 1년 동안 달려간 것을 1광년이라고 말합니다. 그런데 우리가 밖에 나가서 '반짝반짝 작은 별 참 좋구나.' 그럴 때 그 별이 자기 모체에서 출발한 시간이 10만년 전에 출발했다는 것입니다. 그러므로 여러분 지금 보는 별빛은 지금 비치는 빛이 아닙니다. 10만년 전에 출발한 별이 지금 우리 눈에 들어오는 것입니다.

하나님께서는 이미 오늘날 살고 있는 우리를 위해서 만세 전에 이 우주와 만물을 다 지어 놓으신 것입니다. 그러므로 하나님께서는 지금 갑자기 급하기 일을 하신 것이 아니라 벌써 만세전에 우리가 필요한 것을 다 준비해 놓으신 것입니다.

2. 신본주의와 인본주의

오늘날 우리가 사는데 두 가지 태도를 취하고 있습니다. 신본주의와 인본주의인 것입니다. 하나님 중심으로 사는 신앙과 인간중심으로 사는 생활인 것입니다. 신본주의는 일의 주인이 하나님인 것을 확실히 인정합니다. "일을 행하시는 야훼, 그것을 만들며 성취하시는 야훼, 그의 이름을 야훼라 하는 이가 이와 같이 이르시도다"(렘 33:2)

일의 주인은 하나님이시다. 우리가 하나님의 일을 맡아서 하는 것이 아니라 하나님이 일의 주인이시다. 그러므로 일은 하나님의 것이라는 것을 우리가 인정하면 모든 일은 하나님이 하시는 것입니다. 창세기 때 엿새 동안도 하나님이 혼자서 일하셨고 우리를 죄에서 구원하시는 일도 예수님 혼자서 하셨습니다. 십자가에서 고통당하니 올라와서 날 좀 도와달라 그렇게 하지 않았습니다. 모든 만민 앞에서 예수님 혼자서 우리 일을 맡아서 다 고난을 통해서 청산하고 만 것입니다. 그러므로 신본주의는 일의 주인이 하나님인 것을 인정하고 일하시는 하나님을 아는 것입니다.

"일을 행하시는 야훼, 그것을 만들며 성취하시는 야훼"(렘 33:2)

"우주와 그 가운데 있는 만물을 지으신 하나님께서는 천지의 주재"(행 17:24)가 되시고 주께서 큰 능력과 펴신 팔로 천지를 지으셨사오니 주에게는 할 수 없는 일이 없으시니이다."(렘 32:17)

"예수께서 그들에게 이르시되 내 아버지께서 이제까지 일하시니 나도 일한다 하시매"(요 5:17)

하나님과 예수님은 인간이 저지른 모든 일을 청산하기 위해서 마지막 십자가에서 일하신 것입니다. 그런데 하나님 아버지, 예수님, 성령님 삼위일체 하나님께서 다 이루셨습니다. 모든 물질세계에도 다 이루셨고, 타락해서 가져온 쓸데없는 저주의 일도 다 청산해 놓았고, 일은 하나님이 다 이루셨습니다.

시편 115편 3절에 "오직 우리 하나님은 하늘에 계셔서 원하시는 모든 것을 행하셨나이다."

느헤미야 9장 6절에 "오직 주는 야훼시라 하늘과 하늘들의 하늘과 일월 성신과 땅과 땅 위의 만물과 바다와 그 가운데 모든 것을 지으시고 다 보존하시오니 모든 천군이 주께 경배하나이다."

'만물의 주인이 하나님이시다.' 하나님이 모든 일을 책임지시는 것입니다.

요한계시록 4장 11절에 "우리 주 하나님이여 영광과 존귀와 권능을 받으시는 것이 합당하오니 주께서 만물을 지으신지라 만물이 주의 뜻대로 있었고 또 지으심을 받았나이다."

주님을 믿는 사람들은 일을 다 마쳤으니까 안식에 들어갑니다. 안식이라는 것은 쉬는 것입니다. 마음에 쉼을 가지고 사는 것이 가장 중요한 것입니다. 그러므로 우리는 재미있게 인생을 사는 삶을 살아서 하나님께 영광을 돌리십시다.

14. 상 주시는 하나님

♥ 마 5:12, 기뻐하고 즐거워하라 하늘에서 너희의 상이 큼이라 너희 전에 있던 선지자들도 이같이 박해하였느니라.

♪ **주의 말씀 듣고서** 204장

1. 주의말씀 듣고서 준행하는 자는 반석위에 터닦고 집을 지음 같아
   비가 오고 물 나며 바람 부딪쳐도 반석위에 세운 집 무너지지 않네
2. 주의말씀 듣고도 행치 않는 자는 모래위에 터 닦고 집을 지음 같아
   비가 오고 물 나며 바람 부딪칠 때 모래위에 세운 집 크게 무너지네
3. 세상 모든 사람들 집을 짓는 자니 반석위에 아니면 모래위에 짓네
   우리 구주 오셔서 지은 상을 줄 때 세운공력 따라서 영영 상벌 주리
후렴) 잘 짓고 잘 짓세 우리 집 잘 짓세
   만세 반석 위에다 우리 집 잘 짓세

잠 11:18, 악인의 삯은 허무하되 공의를 뿌린자의 상은 확실하니라.

고전 3:8, 심는 이와 물 주는 이는 한가지이나 각각 자기의 일한 대로 자기의 상을 받으리라.

=창 15:1-6 〈아브람과 언약을 세우시며 상을 줄 것을 말씀함〉

여호와께서 환상 가운데 아브람에게 말씀하셨습니다. "아브람아 두려워하지 마라 나는 네 방패이다. 내가 너에게 큰 상을 줄 것이다."...

여호와께서 말씀하시기를 "… 네 몸에서 태어나는 자가 재산을 물려받게 될 것이다." 하나님께서 아브람을 밖으로 데리고 나가셔서 말씀하셨습니다. "하늘을 바라보아라 셀 수 있으면 저 별들을 세어보아라 네 자손들도 저 별들처럼 많아지게 될 것이다."

아브람은 여호와의 말씀을 믿었습니다. 그런즉 여호와께서는 이런 아브람의 믿음을 보시고 아브람을 의롭게 여기셨습니다.

=대하 15:1-8 〈아사의 개혁에 상이 있음을 말씀하심〉

하나님의 영이 아사랴에게 들어갔습니다. 아사를 만나서 말했습니다. "여러분이 여호와와 함께 있는 한 여호와도 여러분과 함께 계실 것이오. 여러분이 주를 찾으면 찾을 수 있겠지만 주를 버리면 주께서도 여러분을 버리실 것이오. 이스라엘은 오랫동안 참된 하나님 없이 살아왔소. ....그러나 여러분은 힘을 내시오. 낙심하지 마시오. 여러분은 한 좋은 일에 대해 상이 있을 것이오."

아사는 이 모든 말과 예언자 아사랴의 말을 듣고 용기를 내어 온 유다와 베냐민에게 역겨운 우상들을 없애 버렸습니다. 그리고 에브라임 산지에서 빼앗은 성에서도 우상들을 없애 버렸습니다. 아사는 성전의 현관 앞에 있는 여호와의 제단을 고쳤습니다.

상을 주시는 하나님 고전 3:8

오늘, 어떻게 사는 것이 하나님 앞에서 칭찬과 상급을 받는 삶인지를 깨달아야 하겠습니다.

1. 하나님의 교회, 하나님의 밭

교회를 하나님의 밭이라고 비유를 하였습니다. 그렇습니다. 농부가 밭에 종자를 뿌려 물을 주고 거름을 주고 김을 매고 북을 돋우어 곡식을 자라게 하는 것처럼 교회도 영적인 생명의 씨가 자라는 밭입니다

그 일을 위해서 하나님께서 교회 안에 바울처럼 말씀을 심는 자와 아볼로처럼 물을 주는 사역자를 세우신 것입니다.

고전 3:7, 그런즉 심는 이나 물 주는 이는 아무 것도 아니로되 오직 자라게 하시는 이는 하나님뿐이니라.

여기에서 '심는다는 말이나, 물 준다는 말과, 자라나게 한다'는 동사가 모두 다 지속적인 동작을 뜻하는 현재 능동형입니다. 그러나 현실적으로 전부가 아니라 그 일부가 싹이 나고, 일부가 자라는 까닭은 아무리 심고 물을 주었을 지라도 자라나게 하시는 이가 따로 있음을 뜻하는데 그가 하나님이시라는 것입니다.

2. 하나님의 교회, 하나님의 집

바울 사도는 고린도 교회를 가리켜 하나님의 밭이라고만 한 것이 아니라 하나님의 집이라고 하였습니다.

고전 3:9, 우리는 하나님의 동역자들이요 너희는 하나님의 밭이요 하나님의 집이니라.

하나님은 건축주가 건축업자에게 설계도에 따라 집을 짓게 하는 것처럼 하나님의 집인 교회를 세우는 일을 사역자들에게 맡기셨습니다.

엡 4:11, 그가 어떤 사람은 사도로, 어떤 사람은 선지자로, 어떤 사람은 복음 전하는 자로, 어떤 사람은 목사와 교사로 삼으셨으니 이는 성도를 온전하게 하여 봉사의 일을 하게 하며 그리스도의 몸을 세우려 하심이라.

사도나 선지자나 복음 전하는 자나 목사나 교사는 하나님이 주님의 몸은 교회를 세우기 위해 들어 쓰시는 하나님의 사역자들을 뜻합니다.

3. 하나님의 평가와 상급
과연, 지상 교회 가운데 분열이 없이 늘 화합과 평화만 가득한 교회가 있을까요? 교회에 대한 실망으로 교회를 떠나는 사람들도 있습니다. 그처럼 실망스런 교회가 고린도 교회였습니다. 고린도 교회의 그 같은 이면을 누구보다 하나님이 잘 아심에도 불구하고 하나님은 고린도 교회를 소중히 여기셨습니다.

고전 1:8, 주께서 너희를 우리 주 예수 그리스도의 날에 책망할 것이 없는 자로 끝까지 견고하게 하시리라.

'우리 주 예수 그리스도의 날'은 부활 승천하신 예수 그리스도가 세상을 심판하시기 위해 다시 오시는 날입니다. 그 날에 하나는 취함을 받고 하나는 버림을 받는 일과 하나는 창고에 들이고 하나는 태움을 받는 일과 하나는 상급을 받고 하나는 책망을 받는 일과 하나는 기뻐하고 하나는 이를 갈며 탄식하는 일이 동시에 일어날 것입니다.
믿음 생활을 성령으로 잘하여서 더 많은 상을 받으시는 은혜가 있으시기를 축복합니다.

15. 권고의 하나님

♥ 창 50:25, 요셉이 또 이스라엘 자손에게 맹세시켜 이르기를 하나님이 반드시 당신들을 권고(돌보시는)하시리니 당신들은 여기서 내 해골을 메고 올라가겠다 하라 하였더라.

♩ 주 안에 있는 나에게 370장

1. 주 안에 있는 나에게 딴 근심 있으랴
   십자가 밑에 나아가 내 짐을 풀었네
2. 그 두려움이 변하여 내 기도 되었고
   전날의 한숨 변하여 내 노래 되었네
3. 내 주는 자비하셔서 늘 함께 계시고
   내 궁핍함을 아시고 늘 채워주시네
4. 내 주와 맺은 언약은 영 불변하시니
   그 나라 가기까지는 늘 보호하시네

후렴) 주님을 찬송하면서 할렐루야 할렐루야
   내 앞길 멀고 험해도 나 주님만 따라가리

사 66:2, 나 여호와가 말하노라 내 손이 이 모든 곳을 지었으므로 그들이 생겼느니라 무릇 마음이 가난하고 심령에 통회하며 내 말을 듣고 떠는 자 그 사람은 내가 돌보려니와

벧전 5:7, 너희 염려를 다 주께 맡기라 이는 그가 너희를 돌보심이라

=막 5:21-34 ⟨야이로의 딸을 살리고 12년 혈루증의 여인을 돌보아 고치신 예수님⟩

회당장 야이로가 예수님을 찾아와 발 앞에 엎드렸습니다. 그리고 예수님께 거듭해서 간청했습니다.

"제 어린 딸이 죽어가고 있습니다. 제발 오셔서 그 아이에게 손을 얹어 주십시오. 그러면 살아날 것입니다."

그러자 예수님께서 함께 가셨습니다. 많은 사람들이 예수님을 에워싸고 밀며 따라 왔습니다. 그 중에는 12년 동안 혈루증을 앓아온 여자가 있었습니다. 그는 여러 의사에게 보이면서 고생을 했습니다. 돈은 더 써버리고 오히려 병은 더 심해져 갈 뿐이었습니다.

그러던중 예수님께 대한 소문을 듣고 사람들 틈에 끼어 따라가다가 주님의 옷에 손을 대었습니다. 그 여자는 옷에 손을 대기만 해도 내가 나을 거야 하고 생각했습니다. 그 즉시 피가 흐르는 것이 멈췄습니다. 그녀는 자신의 병이 나은 것을 몸으로 느꼈습니다.

바로 바로 그때 주님께서 자신에게서 능력이 나간 것을 아시고 "누가 내 옷을 만졌느냐?" 제자들이 말했습니다. "사람들이 에워싸고 밀치고 있는데 누가 손을 대었다고 말씀 하십니까?"

주님이 둘러보시는데 여자는 발 앞에 엎드려 절하며 모든 사실을 말씀드렸습니다. 주님이 "딸아 네 믿음이 너를 낫게 하였다. 안심하고 가거라.

그 사이에 야이로의 딸은 죽고 주님은 오히려 회당장에게 두려워 말고 믿기만 하라고 말씀하시다.

회당장 집에 도착해보니 울음 소리가 났고 주님은 죽은 것이 아니고 자는 것이다 하심.

아이의 손을 붙잡고 '달리다굼' 하시니 이 소녀는 즉시 일어나 걷기 시작 했습니다.

권고의 하나님 벧전 5:7

주께서 권고하시니 염려를 주께 맡겨 버리라는 말씀을 상고하며 은혜를 사모하고자 합니다.

1. 너희 염려를 주께 맡겨라

염려는 누구에게나 있습니다. "염려"(메림나오)는 '갈라버린다'는 말과 '마음'이란 말의 합성어입니다. 그러니까 염려라는 말은 우리의 마음을 갈라놓는 것을 의미합니다.

염려는 우리의 마음뿐만 아니라 인격을 분열시킵니다. 야고보 사도는 이런 사람을 가리켜 "두 마음을 품어 모든 일에 정함이 없는 자"(약 1:8)라고 했습니다. 갈라진 마음을 가진 사람의 하는 일은 언제나 흔들립니다. 그는 감정이 불안하고, 생각이 안정되지 못하고, 그의 결정 역시 확고하지 못한 것입니다. 자연히 판단력도 정확하지 못합니다.

맡긴다는 말은 던진다는 뜻입니다. 우리의 염려 되는 일을 하나님께 던지라는 말입니다. 염려는 마치 안전핀을 뺀 수류탄과 같습니다. 내가 계속 가지고 있으면 터져서 내 몸이 상하거나 산산 조각이 날 수 있습니다. 이와 같이 염려를 하나님께 던지라는 말씀입니다.

2. 다(all) 맡기라

근심 걱정 염려 되는 것은 무엇이든지 하나도 빠트리지 말고 몽땅 한 번에 하나님께 맡기라는 것입니다. 자녀의 문제 내 개인 문제, 집안문제, 남편문제, 사업문제 등 모두 맡기라는 말씀입니다.

하나님께서는 어떤 문제만 나에게 맡기고 다른 것은 너희들이 알아서 처리하라고 말씀하지 않습니다. 다 맡기라고 합니다.

시37:5, 너의 길을 여호와께 맡기라 저를 의지하면 저가 이루시고 근심 걱정 염려의 보따리를 맡을 하나님을 전적으로 신뢰하고 맡겨야 합니다. 조금이라도 의심하면 되지 않습니다. 우리의 일상생활의 모든 것을 하나님께 맡겨야 합니다. 맡기면 해결될 것이라는 확신을 가지고 맡겨야 합니다.

모든 염려를 다 주께 맡겨 버려야 할 이유는, 그가 권고해 주시기 때문입니다. 권고하심(메레이로서)은 '흥미와 사랑을 가지고 조심성 있게 돌보아 치료하심'을 뜻입니다.

하나님을 사랑하는 사람들에게는 하나님께서 모든 것이 선이 되게 하심을 믿어야 합니다. 만물을 주관하시고 권고하사 부족을 채우십니다.

3, 권고하시는 도움을 입기 위하여 기도해야 합니다.

"너희 염려를 다 주께 맡겨 버리라 이는 저가 너희를 권고하심 이니라."(벧 5:7) 하신 말씀이 "아무것도 염려하지 말고 오직 모든 일에 기도와 간구로 너희 구할 것을 감사함으로 하나님께 아뢰라 그리하면 모든 지각에 뛰어난 하나님의 평강이 그리스도 예수 안에서 너희 마음과 생각을 지키시리라."(빌 4:6-7)라고 한 바울의 교훈과 통한다고 봅니다.

우리도 염려를 다 맡기고 권고하시는 도움을 입기 위하여 기도할 때 응답의 역사가 함께 할 줄 믿습니다. 이 약속을 믿고 기도하며 주시는 평강 가운데 주어진 사명 감당하는 모두가 되시기를 바라며 축원합니다.

16. 징계의 하나님

> ♥ 잠 3:11, 내 아들아 여호와의 징계를 경히 여기지 말라 그 꾸지람을 싫어하지 말라

♪ **너 시험을 당해** 342장

1. 너 시험을 당해 죄 짓지 말고 너 용기를 다해 곧 물리치라
   너 시험을 이겨 새 힘을 얻고 주 예수를 믿어 늘 승리하라
2. 네 친구를 삼가 잘 선택하고 너 언행을 삼가 늘 조심하라
   너 열심을 다해 늘 충성하고 온 정성을 다해 주 봉사하라
3. 잘 이기는 자는 상 받으리니 너 낙심치 말고 늘 전진하라
   네 구세주 예수 힘 주시리니 주 예수를 믿어 늘 승리하라
후렴) 우리 구주의 힘과 그의 위로를 빌라
   주님 네 편에 서서 항상 도우시리

고전 11:32, 우리가 판단을 받는 것은 주께 징계를 받는 것이니 이는 우리로 세상과 함께 정죄함을 받지 않게 하려 하심이라.

히 12:5, 또 아들들에게 권하는 것같이 너희에게 권면하신 말씀도 잊었도다 일렀으되 내 아들아 주의 징계하심을 경히 여기지 말며 그에게 꾸지람을 받을때에 낙심하지 말라.

=창 15:3- 〈여호와께서 아브람이 믿으니 의로 보시고 언약하시다〉

　모압 여자들이 거짓 신들을 섬기는 제사에 이스라엘 백성을 초대했습니다. 이 백성은 거기에서 음식을 먹으며 그 신들에 예배했습니다. 하나님이 모세에게 말씀하시기를 "백성의 지도자를 불러 모아라 그리고 그들을 여호와 앞에서 대낮에 죽여라. 그래야 여호와께서 백성에게 노하지 않으실 것이다." … 그때에 어떤 사람이 한 미디안 여자를 자기 집으로 데리고 들어갔습니다. 백성도 모세도 아론의 손자인 비느하스도 그 모습을 보고 일어나 무리를 떠났습니다. 그 사람의 뒤를 쫓아 장막까지 들어가 창으로 모두 죽였습니다. 그러자 이스라엘 백성 가운데 있었던 끔찍한 병이 멈추었습니다. 그 병으로 2만 4천명이 죽었습니다.

=막 13:14-23 〈하나님의 마지막 가장 큰 환난의 징계〉

　"멸망케 하는 혐오할 만한 것이 서 있지 않아야 할 곳에 서있는 것을 보거든 유대에 있는 사람들은 산으로 도망하여라. … .그 때에는 환난이 있을 것인데 이런 환난은 하나님께서 세상을 만드신 때부터 지금까지 없었던 것이며 앞으로도 이런 환난은 없을 것이다. 주님께서 이 날들을 줄여 주시지 않는다면 어느 생명도 구원받지 못할 것이다. 그러나 하나님께서 선택받은 사람들을 위하여 이 날들을 줄이셨다. …
　거짓 그리스도와 거짓 예언자들이 일어나서 증거와 기적을 보여 줄 것이다. 그래서 가능하면 선택된 사람들을 잘못된 길로 인도하려고 할 것이다. 그러므로 조심하여라. 내가 모든 것을 미리 일러 주었다."

징계의 하나님 잠 3:11

하나님이 그 사랑하는 자녀들에게 내리시는 징계의 가치에 대하여 주시는 말씀을 통해서 은혜를 받으려고 합니다.

1. 징계에서 오는 축복

본문 11-12절 말씀을 보면 우리의 마음에 기쁨과 감사를 주며 우리의 생활에 보람을 심어 주는 그런 축복인 것이 아니라 듣기에도 몸이 움츠려지는 징계에 대한 말씀을 주시면서 하나님께서 그 징계를 주실 때에 그것을 경히 여기지 말라고 하신 것입니다.

하나님은 그 사랑하시는 자를 징계하신다고 하셨습니다. "대저 여호와께서 그 사랑하시는 자를 징계하시기를 마치 아비가 그 기뻐하는 아들을 징계함 같이 하시느니라"고 했습니다. 여기서 우리가 알아야 할 일은 하나님의 자녀들에게는 반드시 하나님의 징계가 따른다는 사실입니다. 징계의 모양과 방법의 차이는 있겠지만 징계는 누구에게나 그가 하나님의 자녀라면 반드시 있는 것입니다.

하나님의 자녀들에게 징계가 왜 있어야 하느냐에 대하여 여러 가지로 말씀해 주십니다.

첫째로, 그리스도인의 열매는 하나님의 징계를 통해서 맺는 경우가 많다는 사실을 지적해 주고 있습니다. 히브리서 12:10에서 이르시기를 "오직 하나님은 우리의 유익을 위하여 그의 거룩하심에 참여케 하시느니라 무릇 징계가 당시에는 즐거워 보이지 않고 슬퍼 보이나 후에 이로 말미암아 연달한 자에게는 의의 평강한 열매를 맺느니라"고 말씀해 주고 있는 것입니다.

=다음에 하나님의 징계가 그리스도인들에게 꼭 따라야 할 일은 우리에게 하나님의 징계가 없으면 그리스도인의 생활이 세상으로 흐르게 되는 것입니다. 올바로 가야 할 길을 그릇 가는 것입니다. 잠 10:17에서 "훈계를 지키는 자는 생명길로 행하여도 징계를 버리는 자는 그릇 가느니"고 했습니다. 그리스도인들에게 징계가 없으면 그 생활이 자연히 방

종과 세속으로 흐를 것이기 때문에 징계라고 하는 고삐를 하나님이 꽉 잡고 계시는 것입니다.

둘째로, 그리스도인들은 하나님의 징계를 맞을 때, 두려운 마음을 가지고 하나님의 자비에 호소해야 합니다. 예레미야는 하나님으로부터 징계를 받을 때, 하나님께 이처럼 기도했습니다. "여호와여 나를 징계하옵시되 너그러이 하시고 진노를 하지 마옵소서 주께서 나로 없어지게 하실까 두려워하나이다."(렘 10:24) 우리가 징계를 받으면서도 기도해야 하는 이유는 하나님의 자비하심에 호소하기 위해서인 것입니다.

셋째로, 하나님의 징계를 받을 때는 회개하고 하나님의 뜻을 기다리는 자세가 필요 합니다. 다윗은 우리아를 죽이고 그 아내 밧세바를 아내로 삼아 하나님께 범죄 하였을 때, 나단 선지자의 경고를 듣고 '밤새도록 눈물을 흘리되 베개와 요를 다 적시기까지' 회개했다고 했습니다. 회개의 조건이 따르지 않는 하나님의 징계는 하나도 없는 것입니다. 의인이라고 말하는 욥까지도 그가 하나님께 고백하기를, "내가 주께 대하여 귀로 듣기만 하였삽더니 이제는 눈으로 주를 뵈옵나이다 그러므로 내가 스스로 한하고 티끌과 재 가운데서 회개하나이다"고 말했습니다.

2. 징계를 당하는 태도

그러면 우리는 어떤 태도로 하나님의 징계를 받아야 할 것입니까? 11절 말씀을 보시기 바랍니다. "내 아들아, 여호와의 징계를 경히 여기지 말라 그 꾸지람을 싫어하지 말라"고 했습니다. 이 말씀의 뜻은 하나님으로부터 징계를 받을 때, 그로 인하여 근심하거나 낙담하거나 하지 말라는 것입니다. 하나님의 징계를 받아 내 생애에 어려움이 왔을 때, 그 같은 징계를 통해서 나에게 가르치시려는 뜻이 무엇인지 살펴 알려고 하여야 합니다

고전 10:13에서 "사람이 감당할 시험밖에는 너희에게 당할 것이 없나니 오직 하나님은 미쁘사 너희가 감당치 못할 시험을 허락하지 아니하시고 시험 당할 즈음에 또한 피할 길을 내사 너희로 감당하게 하시느니라"고 말씀해주고 있습니다.

첫째로, "감당하지 못할 시험 당함을 허락하지 않으신다"고 하셨습니다. 우리에게 오는 시험은 우리가 능히 감당할 만한 시험인 것입니다. 그 시험이 혹심하여 우리에게 고통을 주고 견딜 수 없을 것 같을지라도 하나님께서 능히 이기실 수 있도록 능력의 손으로 붙들어 주시는 것입니다.

둘째로, 하나님은 시험 중에 있는 우리에게 피할 길을 열어 주신다고 하셨습니다. 그러므로 우리는 하나님의 징계를 받을 때 하나님의 지혜를 써서 하나님이 열어 주시는 피할 길을 찾아야 합니다. 이런 피할 길은 인간의 지혜나 모략으로 되는 것이 아니라 하나님께서 열어 주십니다.

늘 하나님을 믿으시고, 경건에 이르시기를 바라며 축복합니다.

📖 17. 온전하신 하나님

> ♥ 마 5:48, 그러므로 하늘에 계신 너희 아버지의 온전하심과 같이 너희도 온전하라

♪ **거룩하게 하소서** 422장

1. 거룩하게 하소서 진리의 주님이여
   나의 맘에 죄악을 불태워 주옵시고
   쓰심에 합당한 깨끗한 그릇으로
   쓰임받게 하소서 하나님 나라 위해
2. 사랑하게 하소서 사랑의 주님이여
   십자가로 우리를 화목케 하셨으니
   마음과 뜻 모아 정성을 다하여서
   봉사하게 하소서 하나님 영광 위해
3. 기도하게 하소서 응답의 주님이여
   나의 생각 나의 뜻 버리게 하옵시고
   주께서 원하는 바른 뜻 깨달아서
   응답받게 하소서 하나님 이름 위해

시 37:18, 여호와께서 온전한 자의 날을 아시나니 그들의 기업은 영원하리로다.

히 10:22, 우리가 마음에 뿌림을 받아 악한 양심으로부터 벗어나고 몸은 맑은 물로 씻음을 받았으니 참 마음과 온전한 믿음으로 하나님께 나아가자

=창 20:1-17 〈이방인 왕 아비멜렉의 고백을 하나님이 아심〉

그랄에서 아브라함은 자기 아내 사라를 누이라고 말하다.
그랄의 아비멜렉 왕이 종들을 보내어 사라를 데려오게 했습니다.
그날밤 하나님께서 아비멜렉의 꿈에 나타나 말씀하시기를,
"네가 데려온 그 여자 때문에 너는 죽을 것이다. 너를 데려온 그 여자 때문에 너는 죽을 것이다. 그녀는 결혼한 여자다."
하지만 아비멜렉은 사라를 가까이 하지 않았습니다.
꿈에 하나님이 나타나셔서 말씀하기를,
"나도 네가 순수한 마음으로 그렇게 한줄 안다. 그래서 내가 너로 하여금 나에게 죄를 짓지 않게 하려고 네가 그 여자와 함께 자지 못하게 한 것이다. 아브라함의 아내를 돌려 보내어라. 아브라함은 예언자이니 아브라함이 너를 위해 기도하면 너는 죽지 않을 것이다. … "
아비멜렉이 이튿날 아침 일찍 일어나 신하들을 모두 불러 모아서 꿈에 보았던 모든 일을 이야기해주었습니다. 그들은 크게 두려워했습니다.
 …
아비멜렉이 아브라함에게 양 떼와 소 떼와 남종과 여종을 주었고, 사라도 돌려보냈습니다. 아브라함이 하나님께 기도드렸습니다.
그래서 하나님께서 아비멜렉과 그의 아내와 그의 여종들의 병을 고쳐주셨습니다. 그들은 이제 아이를 가질 수 있게 되었습니다.

온전하신 하나님 마 5:48

우리는 온전히 살아야 합니다. 온전케 된다는 것은 무엇을 말하는 것일가요? 무엇이 온전한 것일까요?

1. 말에 실수가 없는 것이 온전입니다.

야고보는 우리에게 이런 의미심장한 말을 하여 주고 있습니다.

"우리가 다 말에 실수가 많으니 만일 말에 실수가 없는 자면 곧 온전한 사람이라. 능히 온 몸도 굴레 씌우리라."(약 3:2)

말에 실수가 없도록 하는 것이 온전을 이루는 것입니다. 말은 인격입니다.

"말이 많으면 허물을 면키 어려우나 그 입술을 제어하는 자는 지혜가 있느니라."(잠 10:19)

"경우에 합당한 말은 아로새긴 쟁반에 금사과니라."(잠 25:11)

2. 구제가 온전입니다.

예수님께서 말씀하셨습니다. "예수께서 가라사대 네가 온전하고자 할진대 가서 네 소유를 팔아 가난한 자들을 주라.그리하면 하늘에서 보화가 네게 있으리라. 그리고 와서 나를 좇으라"(마 19:21)

예수님은 온전하고자 하면 구제하라고 하였습니다. 남을 구제할 수 있다는 것은 온전의 조건이 됩니다. 남의 아픔을 내 아픔으로 여길 수 있는 이들이 온전한 이들입니다. 구제하는 삶이 온전을 이루는 삶입니다.

3. 인내가 온전입니다.

야고보는 이렇게 말하고 있습니다.

"인내를 온전히 이루라. 이는 너희로 온전하고 구비하여 조금도 부족함이 없게 하려 함이라."(약 1:4)

어떤 어려운 일을 당하여도 인내하면 온전한 삶이 됩니다. 참지 못 하는 삶은 온전을 이룰 수가 없습니다. 하나님이 온전하다는 말은 하나님은 모든 것을 참으시는 분이시라는 말입니다. 예수님이 온전하시다는 말은 예수님은 어떤 것도 참을 수 있는 분이시라는 의미입니다.

십자가에 못박혀 죽으실 때 침 뱉음을 당하시면서도 참으신 분이십니다. 인내하여야 온전을 이룰 수가 있습니다. 아무리 고통이 찾아와도 인내할 수 있는 삶이 참 온전입니다. 인내하는 것이 온전을 이루는 삶입니다.

4. 사랑하는 것이 온전입니다.

요한은 말하고 있습니다. "어느 때나 하나님은 본 사람이 없으되 만일 우리가 서로 사랑하면 하나님이 우리 안에 거하시고 그의 사랑이 우리 안에 온전히 이루느니라."(요일 4:12)

하나님의 본질은 사랑입니다. 그래서 사랑하면 하나님이 안에 거하고 계신 것이고 온전을 이루는 것입니다. 사랑은 모든 것의 완성입니다.

사랑은 온전을 이루는 삶입니다. 사랑은 힘입니다.

성령의 은혜의 도움으로 말에 실수 없이 구제로 인내와 사랑으로 항상 하나님과 동행하시는 복이 넘치시기를 바리며 기원하며 축복합니다.

📖 18. 풍성하신 하나님

> ♥ 엡 2:4, 긍휼이 풍성하신 하나님이 우리를 사랑하신 그 큰 사랑을 인하여

♪ 은혜가 풍성한 하나님은 197장

1. 은혜가 풍성한 하나님은 믿는 자 한 사람 한 사람 어제도 오늘도 언제든지 변찮고 보호해 주시네
2. 정욕과 죄악에 물든 맘을 성령의 불길로 태우사 정결케 하소서 태우소서 깨끗게 하여 주옵소서
3. 희생의 제물로 돌아가신 어린양 우리 주 예수여 구속의 은혜를 내리시사 오늘도 구원해 주소서
4. 주님의 깊으신 은혜만을 세상에 널리 전하리니 하늘의 능력과 권세로서 오늘도 입혀 주옵소서

후렴) 주여 성령의 은사들을 오늘도 내리어 주소서
성령의 뜨거운 불길로써 오늘도 충만케 하소서

시 86:15, 그러나 주여 주는 긍휼히 여기시며 은혜를 베푸시며 노하기를 더디하시며 인자와 진실이 풍성하신 하나님이시오니

엡 3:16, 그의 영광의 풍성함을 따라 그의 성령으로 말미암아 너희 속사람을 능력으로 강건하게 하시오며.

=출 36:3-7 〈드린 예물이 넉넉하고 풍성하여 남음〉

　이스라엘 백성이 성소를 지으려고 예물로 가져온 모든 것을 모세에게서 받았습니다. 백성은 바치고 싶은 마음이 있어서 아침마다 계속해서 예물을 가져 왔습니다. 기술이 좋은 모든 사람들이 성소을 짓기위해 하던 일을 멈추고 모세에게 가서 말했습니다. "여호와께서 명령하신 일을 하는데 필요한 것보다 백성이 가지고 오는 것이 더 많습니다. 그래서 모세가 진 가운데에 이러한 명령을 내렸습니다. "남자든 여자든 성소에 쓸 예물을 더 가져오지 마시오." 그러자 백성은 예물을 더 가져오지 않았습니다. 이미 필요한 물건은 쓰고도 남을 만큼 많았습니다.

=시 72:11-16 〈오실 영원한 왕을 위한 다윗의 풍성한 기도〉

　모든 나라 왕들이 왕 앞에 엎드려 절하며 모든 민족들이 왕을 섬기게 하소서 왕은 도와 달라고 부르짖는 불쌍한 사람들을 구출할 것이며 왕은 아무도 도와주지 않는 가난한 사람들을 구원해 줄 것입니다. 그는 힘이 없고 가난한 사람들을 불쌍히 여기시며 죽게된 사람들의 생명을 구해 주실 것입니다. 왕은 악한 자들로부터 그들을 구원하실 것입니다. 왜냐하면 왕의 눈에는 그들의 목숨이 소중하기 때문입니다.
　들판마다 곡물이 넘치기를 바라고 언덕들 위로 과일들이 넘쳐흐르기를 바라며 과일이 레바논의 나무 열매들처럼 탐스럽고 들판의 풀처럼 풍요롭기를 바랍니다.

풍성하신 하나님 시 86:15

어떻게 해야 백 배의 결실을 얻을 수 있을까요?

첫째, 밭이 좋아야 합니다. 씨를 뿌릴 때에 밭을 네 가지로 구분,

① '길 가'와 같은 밭입니다.

"더러는 길가에 떨어지매 새들이 와서 먹어버렸고"(마 13:4)

여기에서 '길 가'는 마음이 너무 세상적인 것에 열려져 있어 생명의 귀한 말씀을 듣지도 믿으려고도 하지 않고, 말씀 자체이신 주님을 배격하는 강퍅한 마음을 가리킵니다.

② 돌밭입니다.

"더러는 흙이 얇은 돌밭에 떨어지매 흙이 깊지 아니하므로, 곧 싹이 나오나 해가 돋은 후에 타져서 뿌리가 없으므로 말랐고"(마 13:5,6)

흙이 얇은 돌밭에 떨어진 씨앗은 바위의 온기로 인해 금방 싹을 틔우지만 뿌리를 내릴 수 없기 때문에 해가 돋으면 바로 말라 죽게 됩니다.

③ '가시떨기'와 같은 밭입니다.

"더러는 가시떨기 위에 떨어지매 가시가 자라서 기운을 막았고"(마 13:7)

가시떨기는 다른 식물에 비해 성장 속도가 빠르고 햇볕을 가릴 뿐만 아니라 또 가시들이 많기에 가시떨기가 자라는 곳에 떨어진 씨앗은 비록 싹을 틔운다 할지라도 제대로 자라지 못하고 결신도 못합니다. '가시떨기'와 같은 마음을 가지고 신앙생활을 하는 자는 말씀을 들으나 세상의 염려와 재리(財利)의 유혹에 말씀이 막혀 결실치 못하는 자입니다(마 13:22).

④ 좋은 땅입니다.

"더러는 좋은 땅에 떨어지매 혹 백 배, 혹 육십 배, 혹 삼십 배의 결실을 하였느니라"(마 13:8)

좋은 땅과 같은 마음을 가지고 신앙생활을 하는 자는 말씀을 듣고 깨닫는 자요(마 13:23), 착하고 좋은 마음으로 말씀을 듣고 지키어 인내로

결실하는 자입니다.(눅 8:15)

둘째, 좋은 씨를 심어야 합니다. 좋은 씨는 어떠한 씨일까요?
하나님의 말씀입니다.
"씨는 하나님의 말씀이요"(눅 8:11) 하나님의 말씀이 심겨져 있는 자는 항상 좋은 결실이 있게 될 줄 믿으시기 바랍니다. 하나님의 말씀이 있는 곳에 생명이 있습니다.(히 4:12) 말씀이 있는 곳에 번성하고 형통한 축복이 있습니다.(시 1:1~3)

셋째, 잡초를 제거해야 됩니다. 우리가 제거해야 될 잡초는,
① 죄악입니다.
"악은 모든 모양이라도 버리라."(살전 5:22) 로마서 12:21에 보면 "악에게 지지 말고, 선으로 악을 이기라"고 말씀했고, 히브리서 12:1에 보면 "모든 무거운 것과 얽매이기 쉬운 죄를 벗어 버리고 인내로써 우리 앞에 당한 경주를 경주하라"고 말씀했습니다.
② 이단입니다.
"그러한데 꿈꾸는 이 사람들도 그와 같이 육체를 더럽히며 권위를 업신여기며 영광을 훼방하는도다."(유 1:8) 죄악과 이단의 잡초를 제거하고, 항상 기도하고 성령으로 충만하여 마음이 옥토(沃土)가 되어 하나님의 말씀을 듣고 깨달아 말씀대로 순종하는 삶을 살아 백 배의 열매를 맺는 신앙생활을 하시기를 주의 이름으로 축원합니다.

19. 감찰하시는 하나님

♥ 대상 12:17, … 다윗이 나가서 맞아 .. 만일 너희가 나를 속여 내 대적에게 넘기고자 하면 내 손에 불의함이 없으니 우리 조상들의 하나님이 감찰하시고 책망하시기를 원하노라 하매

♪ **예수님은 누구신가** 96장

1. 예수님은 누구신가 우는 자의 위로와 없는 자의 풍성이며
   천한 자의 높음과 잡힌 자의 놓임 되고 우리 기쁨 되시네
2. 예수님은 누구신가 약한 자의 강함과 눈먼 자의 빛이시며
   병든 자의 고침과 죽은 자의 부활 되고 우리 생명 되시네
3. 예수님은 누구신가 추한 자의 정한과 죽을 자의 생명이며
   죄인들의 중보와 멸망자의 구원 되고 우리 평화 되시네
4. 예수님은 누구신가 온 교회의 머리와 온 세상의 구주시며
   모든 왕의 왕이요 심판하실 주님 되고 우리 영광 되시네

욥 34:21, 그는 사람의 길을 주목하시며 사람의 모든 걸음을 감찰하시나니
잠 16:2, 사람의 행위가 자기 보기에는 모두 깨끗하여도 여호와는 심령을 감찰하시느니라.

=창 31:38-42 〈야곱의 수고를 감찰하시는 하나님〉

저는 장인어른을 위해 20년 동안 일했습니다. … 저는 지난 20년 동안 어른을 위해 종처럼 일했습니다. 처음 14년 동안은 두 딸을 얻으려고 일했고 6년 동안은 가축을 얻으려고 일했습니다. 그런대도 어른께서는 제 품삯을 열 번이나 바꾸셨습니다. 하지만 제 아버지의 하나님께서는 저와 함께 계셨습니다. 그분은 아브라함의 하나님이시고 이삭의 하나님이십니다. 저와 함께 계시지 않았다면 어른은 저에게 아무것도 주지 않았을 것입니다. 하지만 하나님께서는 제가 겪는 고통과 저의 열심을 감찰하시고 지난밤에 어른을 꾸짖으신 것입니다.

=막 2:1-12 〈중풍병자를 네 사람의 수고로 살피시고 낫게 하심〉

가버나움에서 예수님은 말씀하시고 네 명의 사람들이 … 주님 계신 곳의 지붕을 뜯어 냈습니다. 여기로 환자를 아래로 내렸습니다. 예수님께서 사람들의 믿음을 보시고 말씀하시기를 "아들아 네 죄가 용서되었다." 미침 거기에 율법학자 몇 명이 앉아 있었는데 … 어떻게 이 사람이 저런 말을 하는가? 하나님을 모독하고 있구나. … 예수님께서는 이 학자들이 속으로 생각하는 것을 곧 영으로 아셨습니다. 그래서 그들에게 말씀 하셨습니다. "어째서 너희가 마음 속으로 그런 생각을 하고 있느냐? 인자가 세상에서 죄를 용서 할 수 있는 권세가 있다는 것을 너희에게 보여 주려고 그랬다." 예수님께서 환자에게 말씀 하셨습니다. "일어나 침상을 가지고 집으로 가거라." 사람들이 놀라서 하나님을 찬송을 드렸습니다.

감찰하시는 하나님 잠 16:2

1. 무엇을 감찰하시는가

1) 고난과 수고를 감찰하심

창 31:42, "… 하나님이 함께 하시지 않았드라면 외심촌께서 이제 나를 빈손으로 돌려보내셨으리라마는 하나님이 내 고난과 내 손의 수고를 보시고 어제 밤에 외삼촌을 책망하셨나이다."

출 4:31, "백성이 믿으며 여호와께서 이스라엘 자손을 찾으시고 그들의 고난을 살피셨다 함을 듣고 머리 숙여 경배하였더라."

- 느 9:9
- 시 31:7

2) 사람의 심령과 마음을

잠 16:2, "사람의 행위가 자기 보기에는 모두 깨끗하여도 여호와는 심령을 감찰하시느니라."

대상 28:9, "… 여호와께서는 모든 마음을 감찰하사 모든 의도를 아시나니 네가 만일 그를 찾으면 만날 것이요…"

- 렘 12:3
- 롬 8:27
- 살전 2:4

2. 왜 감찰하시는가

- 삼하 16:12, 원통함을 풀어주기 위해서
- 애 3:59, 억울함을
- 대하 24:22, 신원 해주시기 위해서
- 욘 3:10, 사죄를 위해서
- 히 4:12, 분간을 하기 위하여

20. 화평의 하나님

> ♥ 고전 14:33, 하나님은 무질서의 하나님이 아니시오 오직 화평의 하나님이시니라.

♪ **주님 주실 화평** 327장

1. 주님 주실 화평 믿음 얻기 위해 너는 정성껏 기도했나
   주의 제단 앞에 모두 바치기 전 복을 받을 줄 생각 마라
2. 주의 밝은 빛에 항상 활동하며 선한 사업을 힘쓰겠나
   자유 얻으려면 주의 뜻을 따라 너의 모든 것 희생하라
3. 주의 제단 앞에 모두 바친 후에 주와 온전히 사귀겠네
   주님 주신 기쁨 또한 그의 사랑 어찌 말로 다 형용하랴

후렴) 주의 제단에 산 제사 드린 후에
　　　주 네 맘을 주장하니 주의 뜻을 따라
　　　그와 동행하면 영생 복락을 누리겠네

엡 2:14, 그는 우리의 화평이신지라 둘로 하나를 만드사 원수 된 것 곧 중간에 막힌 담을 자기 육체로 허시고

행 10:36, 만유의 주 되신 예수 그리스도로 말미암아 화평의 복음을 전하사 이스라엘 자손들에게 보내신 말씀

=겔 34:26-27 <화평의 언약을 맺고 열매를 맺는다는 하나님>

내가 그들에게 복을 주며 나의 언덕을 둘러싸고 있는 지역들에 복을 줄 것이다. 계절에 따라 비를 내려 줄 것이니 복의 비가 내릴 것이다. 그리하여 들의 나무들이 열매를 맺을 것이요 땅이 그 농작물들을 낼 것이니 사람들이 그 땅에서 평안하게 될 것이다. 내가 그들의 멍에줄을 끊고 그들을 종으로 삼은 사람들의 손으로부터 구해낼 때에 그들이 내가 여호와인 줄 알게 될 것이다.

=요 18:7-11 <베드로가 대제사장의 종을 치니 칼을 거두라 하심>

또 말씀하시기를 "내가 그 사람이라고 말하였으니 너희가 찾는 사람이 나라면 이 사람들은 가게 하여라." 그 때 베드로는 칼을 차고 있었습니다. 칼을 빼어 대제사장의 종을 쳐서 오른쪽 귀를 베어 버렸습니다. 예수님께서 말씀하시기를 "칼을 집에 꽂아라 아버지께서 내게 주신 잔을 마시지 말란 말이냐?"

=눅 24:36-43 <부활 후 11제자에게 나타나 화평을 말씀하시다>

예수님께서 제자들 가운데 나타나셔서 "너희가 화평하냐." 말씀 하셨습니다. 제자들은 깜짝 놀랐습니다. "왜 무서워 하느냐? 왜 너희 마음에 의심이 생기느냐? 내 손과 발을 보아라 나를 만져 보아라 너희 보는 것처럼 살과 뼈를 가지고 있다." 이 말씀을 하시고 손과 발을 보여 주셨습니다.

화평의 하나님 엡 2:14

많은 소유가 있어도 가족간에 화평이 깨어진다면 불행해 집니다. 오늘날까지 계속되는 이 전쟁과 재앙은 죄로 인해 하나님과의 관계가 깨어진 결과로 생긴 것입니다.

= 하나님과 화평하게 하시려고 오셨습니다.
이 멸망의 원망인 깨어진 화평을 회복시기 위하여 하나님은 그 아들을 보내주신 것입니다. 오직 예수 그리스도만이 멸망에서 생명으로 가게 하시는 길이 된 것입니다. 예수 그리스도께서 죄로 인해 하나님과 우리 사이에 가로 막혀 있던 담을 허물어 주신 것입니다.

예수님의 일생을 회고해볼 때 육신적인 면에서는 결코 평안한 생활이 아니었습니다. 그런데 우리 주님께서는 그 누구보다도 그 심령에 평안이 가득차 있었습니다. 또한 이 세상에 모든 사람에게 평안을 주시기 위하여 오셨다고 말씀하고 계십니다. 주님의 평안의 비결은 무엇입니까? 바로 하나님 아버지와의 화평한 관계 때문인 줄로 믿습니다.

= 사람들간에 화평하게 하시려고 오셨습니다.
본 절의 '화평'은 유대인과 이방인 사이의 적대 감정의 중지를 의미합니다. 우리의 화평이신 주님께서 중간에 막힌 담을 십자가로 허시고 화평하게 하십니다. '중간에 막힌 담'을 허시고 에 담은 역사적으로는 예루살렘 성전의 성소와 이방인의 뜰 사이를 분리하는 성전 난간을 의미하고 있습니다. 하나님 안에서 유대인이나 헬라인이나 이방인이나, 흑인이나 백인이나, 부자나 가난한 자나, 배운자나 배우지 못한 자나 모두 다 하나님의 자녀인 것입니다. 그러므로 예수님의 제자된 우리 성도들도 이 화평의 복음을 널리 전해야 할 책임이 있습니다.

1. 우리가 먼저 하나님과의 화평을 누려야 다른 이들에게도 화평을 전할 수 있습니다.

구원받은 자라면 구원받은 증거인 하나님과의 화평을 통하여 심령에 충만하여 넘치는 화평이 있다는 것입니다. "그러므로 우리가 믿음으로 의롭다 하심을 얻었은즉 우리 주 예수 그리스도로 말미암아 하나님으로 더불어 화평을 누리자."(롬5:1)

2. 우리들이 이웃에게 화평을 전할 때 우리들도 하나님의 아들로 인정됩니다.

예수님께서는 화평케하는 자는 복이 있나니 저희가 하나님의 아들이라 일컬음을 받을 것이라고 했습니다. 주님께서 화평케 하는 자들을 가리켜 하나님의 아들이라고 말씀하신 이유가 뭡니까? 화평케 하는 사람들은 하나님의 생각으로 하나님의 일을 하는 사람들입니다.

우리의 심령이 하나님과 화평하면 부족함이 없게 됩니다. 성령께서는 하나님과 화평할 수 없도록 막혀 있는 담을 헐 수 있도록 그 심령에 회개의 영을 불어 넣어 주십니다. 또한 성령께서는 심령에 사랑을 하지 않고는 견딜 수 없는 주님의 제자다운 사랑의 마음을 주십니다. 하나님과의 화평과 이웃과의 화평의 축복을 함께 누리시는 복되신 성도 여러분들이 되시기를 축원하고 축복합니다.

🔖 21. 공의의 하나님

> ♥ 시 37:28, 여호와께서 공의를 사랑하시고 그의 성도를 버리지 아니 하심이로다. 그들은 영원히 보호를 받으나 악인의 자손은 끊어지리로다 의인이 땅을 차지함이여 거기서 영원히 살리로다

♩ **주여 우리 무리를** 75장

1. 주여 우리 무리를 불쌍하게 여기사
   크신 복을 주시고 주의 얼굴 뵈소서
2. 주의 구원하심을 널리 알게하시니
   천하 만국 백성들 주께 찬송 합니다
3. 주가 다스리시고 바른 심판하시니
   나라들이 즐기며 기쁜 노래합니다
4. 땅에 나는 모든 것 주의 크신 은혜니
   모든 나라 백성들 주께 찬송합니다
5. 하나님 우리에게 복을 내려주시니
   땅의 모든 만물이 주를 경배합니다. 아멘

사 45:21하, 나 외에 다른 신이 없나니 나는 공의를 구원을 베푸는 하나님이라 나 외에 다른 이가 없느니라.

행 17:31, 이는 정하신 사람으로 하여금 천하를 공의로 심판할 날을 작정하시고 이에 그를 죽은 자 가운데서 다시 살리실 것으로 모든 사람에게 믿을만한 증거를 주셨음이니라 하니라..

=창 18:22-32 〈소돔을 위해 여호와께 공의로운 시행을 바람〉

아브라함이 주께 다가가 말씀 드렸습니다.

"주여 착한 사람들도 저 악한 사람들과 함께 멸망시키시겠습니까? 만약 저 성안에 착한 사람 50명이 있으면 어떻게 하시겠습니까? 그래도 저 성을 멸망시키겠습니까? 착한 사람 50명을 위해 용서하지 않으시겠습니까? 제발 착한 사람을 악한 사람들과 함께 멸망시키지 말아 주십시오. 주께서는 온 땅의 심판자이십니다. 그러니 공의의 판단을 내리셔야 하지 않겠습니까?"

여호와께서 말씀하시기를 "만약 저 소돔성 안에 착한 사람 50명이 있다면 전체를 보아서 성 전체를 구원해 줄 것이다."

그러자 아브라함이 말했습니다.

"저는 먼지나 재에 지나지 않지만 감히 주께 말씀드리겠습니다. 만약 저 성 안에 의인이 45명 밖에 없다면 어떻게 하시겠습니까?"

여호와께서 거기에 45명 밖에 없다해도 성을 멸하지 않겠다.

아브라함이 또 말하였습니다. 만약 40명 밖에 없다면 어떻게 하시겠습니까?

아브라함이 또 말하였습니다. 30명 밖에 없다면 어떻게 하시겠습니까? 나중에는 이십명 또 나중에는 10명까지 말씀 드렸습니다.

여호와의 말씀이 10명만 있어도 멸망시키지 않을 것이라고 말씀하셨습니다..

공의의 하나님 시 37:285

=의의 종류
1. 빌 3:6, 율법의 의, 열심히는 교회를 핍박하고 율법의 의로는 흠이 없는 자라
2. 빌 3:9, 전가된 의, 내가 가진 의는 율법에서 난 것이 아니요 오직 그리스도를 믿음으로 말미암는 것 곧 믿음으로 하나님께로 난 의라
3. 요일 2:29, 행동의 의, 너희가 그가 의로우신 줄을 알면 의를 행하는 자마다 그에게서 난 줄을 알리라

=예수님의 의에 대한 마음
1. 사 11:4, 의로 심판하심, 공의로 가난한 자를 심판하며 정직으로 세상의 겸손한 자를 판단할 것이며.
2. 사 61:10, 성도에게 의를 더하심
3. 렘 33:16, 성도의 의가 되심
4. 마 3:15, 모든 의를 이루심

=의에 이르게 하는 것
1. 창 18:19, 부모의 교훈, 내가 그로 그 자식과 권속에게 명하여 여호와의 도를 지켜 의와 공도를 행하게 하려고.
2. 잠 8:15, 지혜
3. 히 10:38, 믿음

22. 인내의 하나님

♥ 롬 15:5, 이제 인내와 위로의 하나님이 너희로 그리스도 예수를 본받아 서로 뜻이 같게 하여주사

♪ **겸손히 주를 섬길 때** 212장

1. 겸손히 주를 섬길 때 괴로운 일이 많으나
   구주여 내게 힘 주사 잘 감당하게 하소서
2. 인자한 말을 가지고 사람을 감화 시키며
   갈 길을 잃은 무리를 잘 인도하게 하소서
3. 구주의 귀한 인내를 깨달아 알게 하시고
   굳건한 믿음 주셔서 늘 승리하게 하소서
4. 장래의 영광 비추사 소망이 되게 하시고
   구주와 함께 살면서 참 평강 얻게 하소서.   아멘

살후 3:5, 주께서 너희 마음을 인도하여 하나님의 사랑과 그리스도의 인내에 들어가게 하시기를 원하노라.

약 1:4, 인내를 온전히 이루라 이는 너희로 온전하고 구비하여 조금도 부족함이 없게 하려 함이라.

=창 47:1-9 〈요셉과 같이 살게 된 야곱의 13년 눈물, 17년 평안 견뎠던 삶〉

요셉이 아버지와 다섯 형들을 골라 바로에게 인사시키다. 바로가 요셉에게 "그대의 아버지와 형제들이 왔는데 애굽 땅의 좋은 땅을 주시오. 고센 땅에서 살게 하시고 그들중에 잘하는 목자가 있으면 양과 소를 치게 하시오"

바로가 야곱에게 물으니 말하였습니다. "제가 이 세상에 떠돌아 다닌 햇수가 130년이 되었습니다. 제가 조상들보다는 짧게 살았지만 고통스러운 삶이었습니다."

이 말을 하고 나서 야곱은 바로에게 복을 빌어주고 그 앞에서 물러 나왔습니다.

=마 10:16-22 〈끝까지 견디는, 참는 자는 구원을 얻는다 하심〉

"들어라 내가 너희를 보내는 것이 마치 늑대 무리 속으로 양을 보내는 것과 같다. 그러므로 뱀처럼 지혜롭고 비둘기처럼 순결하여라. 사람들을 조심하여라. 그들은 너희를 법정에 넘기고 회당에서 채찍질 할 것이다. 사람들이 너희를 잡아 넘길 때 무엇을 어떻게 말해야 할지 걱정하지 마라 그 때에 너희가 말해야 할 것을 다 알려 주실 것이다. 말하는 이는 너희가 아니다. 너희 아버지의 영이 너희 속에서 말씀하시는 것이다 …. 내 이름 때문에 너희가 미움을 받을 것이다. 그러나 끝까지 견디는 자는 구원을 얻을 것이다."

인내의 하나님 약 1:4

오래 참음은 본래 하나님의 속성입니다. 오래 참으시는 하나님!! 하나님, 오래 참으시며 우리 인류를 다스리시며, 세계를 통치하셨고, 지금도 통치하고 계십니다.

본문에는 믿는 자들을 향해 "오래 참음"과 "인내"(11절에 두 번)에 관한 권고가 여러 차례 나오고 있는 것을 봅니다. 헬라어로는 여기서 두 가지 말이 쓰이고 있어요. "마크로뒤미아"와 "휘포모네"(문자적으로는, 아래에 깔려있다는 뜻) … 이런 말들은 원래 화가 나는 상태를 전제로 하고 있어요. 화날 일이 있는데, 그래서 화가 나는데, 그러나 참으라, 오래 참으라, 길이 참으라, 인내하라는 그런 권고입니다.

오래참음의 어려움! 오래참음은 참으로 어렵습니다. 그러나 그것은 그리스도인들이 보여줘야 할 아름다운 미덕이에요. 그러므로 이런 인격을 완성시켜 나갈때, 하나님은 우리들을 축복해주세요. 그래서 야고보는 이와 같은 경우에 예를 들고 있지요?

1. 먼저 농부의 경우를 예로 들고 있어요. "길이 참으라. 농부는 땅에서 나는 귀한 열매를 바라고 길이 참아 이른 비와 늦은 비를 기다리나니" … 팔레스틴 지방에는 10월이 파종시기라고 합니다. 10-11월이 우기여서 이 이른 비를 이용하여 파종은 합니다. 그래서 이 이른 비를 기다려요. 그 다음 3-4월에는 늦은 비가 오는데, 이때는 수확시기예요. 늦은 비를 기다리며, 수확을 기다려요. 이 때 농부들은 수확을 할 때까지 11월에서 3월까지 길이 기다릴 수밖에 없어요. 이 농부들이 파종하고 난 후 수확할 때까지 길이 참고 기다리는 것처럼, 우리들에게 주께서 강림하실 때까지 길이 참고 기다리라고 하지요.

2. 그 다음 10절에선 선지자의 사례를 들지요. 그러면서 "선지자들에게서 고난과 오래 참음의 본을 삼으라"고 말씀하십니다. 이미 앞에서 말

씀드렸듯이, 바울은 자신이 사도라는 증거의 첫 번째 표지를 "오래 참음"으로 제시하고 있었어요. 하나님의 일을 하다보면, 이런 고난과 오래 참아야 할 일들이 많이 있다는 것을 이 말을 통해서도 알 수가 있어요. 노아는 홍수의 징조, 심판의 징조가 전혀 보이지 않았는데, 그러나 참고 기다리며 방주를 준비했어요. 아브라함도 고향 떠날 때 조롱을 많이 받았어요. 그러나 갈 바도 알지 못했지만, 떠났어요. 그랬더니 마침내 하나님이 준비해 두신 땅에 도달할 수가 있었어요. 모세도 애굽을 탈출할 때, 그리고 광야를 횡단할 때 어려움이 많았지요. 그러나 하나님을 바라보며, 참고 참으며, 이스라엘 백성들을 인도해 냈어요.

"오래 참음"과 "인내"는 그냥 자연스럽게 얻어질 수 있는 그런 손쉬운 미덕이 아닙니다. 그것은 정말 높은 덕목입니다. "오래참음"의 열매는 성령의 역사를 통해서만 맺어질 수 있는 초자연적인 열매입니다. 하나님의 뜻에 순종하는 자들에게 성령은 역사 하십니다. 우리도 하나님께 순종함으로 성령의 역사로 "오래 참음"의 열매를 주렁주렁 맺어 가는 인격자가 되시기 바랍니다.

🎲 23. 영의 하나님

> ♥ 롬 8:6, 육신의 생각은 사망이요 영의 생각은 생명과 평안이니라.

♪ 내 영혼이 은총입어 438장

1. 내 영혼이 은총 입어 중한 죄짐 벗고 보니
   슬픔 많은 이 세상도 천국으로 화하도다
2. 주의 얼굴 뵙기 전에 멀리 뵈던 하늘 나라
   내 맘속에 이뤄지니 날로 날로 가깝도다
3. 높은 산이 거친 들이 초막이나 궁궐이나
   내 주 예수 모신 것이 그 어디나 하늘 나라

후렴) 할렐루야 찬양하세 내 모든 죄 사함받고
       주 예수와 동행하니   그 어디나 하늘 나라

요 4:24, 하나님은 영이시니 예배하는 자가 영과 진리로 예배할지니라.
히 12:9, 또 우리 육신의 아버지가 우리를 징계하여도 공경하였거든 하물며 모든 영의 아버지께 더욱 복종하며 살려하지 않겠느냐

=시 31:3-5 <다윗이 자기 영을 주의 손에 부탁합니다. 진리의 하나님>

주님은 나의 바위이시며 내가 피할 요새이십니다. 이는 주님의 이름을 위해서 나를 인도하시고 이끌어 주시기 때문입니다.

내 앞에 놓여있는 덫에 걸리지 않게 해 주소서 주님은 내가 피할 곳입니다.

주님의 손에 내 영을 맡기오니 오 주님 진리의 하나님이시여 나를 구해 주소서.

=롬 8:1-9 <생명의 성령의 법으로 영의 구원과 자유를 주심>

그러므로 이제 예수 안에 있는 사람은 정죄를 받지 않습니다. 그것은 그리스도 예수 안에서 생명을 주시는 성령의 법이 죄와 사망의 법에서 여러분을 해방시켰기 때문입니다.

율법이 죄의 본성 때문에 연약하여 할수 없었던 것을 하나님께서는 죄를 없애기 위해 자신의 아들을 죄 있는 사람의 모양으로 보내심으로써 행하셨습니다 하나님께서는 죄인들 속에 거하고 있는 죄에 대해 유죄 판결을 내리셨습니다.…

죄의 본성의 지배를 받는 사람은 하나님을 기쁘시게 할수 없습니다. 그러나 하나님의 영이 여러분 안에 계시다면 죄의 본성의 지배를 받지 않고 성령의 지배를 받게 됩니다. 누구든지 그리스도의 영이 없는 사람은 그리스도에게 속한 사람이 아닙니다.

영의 하나님 요 4:24

하나님은 영이시라는 말씀은 오직 하나님께만 있는 신적인 특성을 말합니다. 신적 특성이라 함은 인간이나 인간 세계에서는 전혀 찾아볼 수 없는 하나님만이 갖고 계시는 독특한 성격을 말합니다.

1. 영이신 하나님은 무형적 존재이십니다.

부활하신 주님께서 영은 살과 뼈가 없다고(눅 24:39) 말씀하신 대로 결코 인간들의 육체적 눈으로는 볼 수가 없는 분이십니다.

하나님은 인간의 오관으로 식별 될 수 있는 분이 아니십니다.

요 1:18, 본래 하나님을 본 사람이 없으되 아버지 품 속에 있는 독생하신 하나님이 나타내셨느니라.

골 1:15, 그는 보이지 아니하는 하나님의 형상이시요 모든 피조물보다 먼저 나신 이시니

요일 4:12, 어느 때나 하나님을 본 사람이 없으되 만일 우리가 서로 사랑하면 하나님이 우리 안에 거하시고 그의 사랑이 우리 안에 온전히 이루어지느니라.

피조물인 태양도 볼 수가 없는데 하물며 죄인인 인간은 거룩하신 하나님을 절대로 볼 수가 없습니다.

2. 영이라는 말은 철저히 비물질적임을 의미합니다.

하나님께서는 인생들이 하나님을 섬긴다고 하면서 하늘, 땅, 땅 아래 물속에 있는 어떤 물질적 형상으로도 만들지 말 것을 경고하셨습니다. 물론 성경은 하나님께서 손, 발, 얼굴, 등을 가지고 계신 분으로 묘사를 했으나 그와 같은 표현은 영이신 하나님을 의인화하여 우리 인생들로 하여금 하나님의 섭리를 이해하도록 한 것뿐임을 알아야 합니다.

창 18:1, 여호와께서 마므레의 상수리나무들이 있는 곳에서 아브라함에게 나타나시니라.
창 32:24, 야곱은 홀로 남았더니 어떤 사람이 날이 새도록 야곱과 씨름하다가
창 32:25-26, 자기가 야곱을 이기지 못함을 보고 그가 야곱의 허벅지 관절을 치매 야곱의 허벅지 관절이 그 사람과 씨름할 때에 어긋났더라) 그가 이르되 날이 새려하니 나로 가게 하라 야곱이 이르되 당신이 내게 축복하지 아니하면 가게 하지 아니하겠나이다.

하나님이 사람으로 나타나신 것은 사람의 형체를 취하여 유형적으로 계시 하신 것 뿐이지 하나님의 본체를 나타내신 것은 아니라고 보아야 합니다.

3. 영이신 하나님은 장소에 제한을 받지 아니 하십니다.
욥 1:4, 네가 독수리처럼 높이 오르며 별 사이에 깃들일지라도 내가 거기에서 너를 끌어내리리라 여호와의 말씀이니라.
시 139:8, 내가 하늘에 올라갈지라도 거기 계시며 스올에 내 자리를 펼지라도 거기 계시니이다 .

4. 영이신 하나님은 생명을 가지신 분, 살아계신 분이시라는 뜻입니다.
고후 3:3, 너희는 우리로 말미암아 나타난 그리스도의 편지니 이는 먹으로 쓴 것이 아니요 오직 살아 계신 하나님의 영으로 쓴 것이며 또 돌판에 쓴 것이 아니요 오직 육의 마음판에 쓴 것이라.
딤전 3:15, 만일 내가 지체하면 너로 하여금 하나님의 집에서 어떻게 행하여야 할지를 알게 하려 함이니 이 집은 살아 계신 하나님의 교회요 진리의 기둥과 터니라.
딤전 4:10, 이를 위하여 우리가 수고하고 힘쓰는 것은 우리 소망을 살아 계신 하나님께 둠이니 곧 모든 사람 특히 믿는 자들의 구주시라

히 3:12, 형제들아 너희는 삼가 혹 너희 중에 누가 믿지 아니하는 악한 마음을 품고 살아 계신 하나님에게서 떨어질까 조심할 것이요,

5. 영이신 하나님은 인격적 존재이심을 나타냅니다.

　신구약 성경에서 보는대로 하나님은 인격적으로 임재하십니다. 하나님은 오시기도 하시고 가시기도 하시며 인간과 말씀 하시고 인간의 경험 속에 들어가시고, 시험과 고난에서 인간을 보호 하시며, 또한 승리의 기쁨으로 인간의 마음을 채워 주시는 하나님으로 묘사되고 있습니다.

　더구나 신약에 나타난 하나님의 최고 계시인 예수 그리스도의 성육신은 인격적 계시이었습니다. 예수 그리스도께서 빌립에게 말씀 하신대로 완전한 방법으로 아버지를 계시하셨습니다.

요 14:9, 예수께서 이르시되 빌립아 내가 이렇게 오래 너희와 함께 있으되 네가 나를 알지 못하느냐 나를 본 자는 아버지를 보았거늘 어찌하여 아버지를 보이라 하느냐.

　영이신 하나님과 관계를 맺는 조건은 예배의 대상으로 섬겨야 합니다. 영으로 섬기되, 진리를 따라 섬겨야 합니다. 영이신 하나님을 성령으로 잘 섬기며, 영육 간에 풍성함을 누리시기를 소원하며 축복합니다.

📖 24. 존귀의 하나님

> ♥ 시 104:1, 내 영혼아 여호와를 송축하라 여호와 나의 하나님이여 주는 심히 위대하시며 존귀와 권위로 옷 입으셨나이다.

🎵 하늘에 가득찬 영광의 하나님 9장

1. 하늘에 가득 찬 영광의 하나님 온 땅에 충만한 존귀한 하나님 생명과 빛으로 지혜와 권능으로 언제나 우리를 지키시는 하나님 성부와 성자와 성령 삼위의 하나님 우리 예배를 받아주시옵소서
2. 사랑이 넘치는 자비하신 하나님 은혜가 풍성한 구원의 하나님 참회의 심령에 평안을 주시옵고 죄악과 허물을 용서하여 주소서 찬송과 영광과 생명 구원의 하나님 우리 예배를 받아주시옵소서
3. 연약한 심령을 굳게 세워주시고 우둔한 마음을 지혜롭게 하시고 주의 뜻 받들어 참되게 살아가며 주 말씀 따라서 용감하게 하소서 권능과 지혜와 사랑 은혜의 하나님 우리 예배를 받아주시옵소서
4. 주 앞에 나올 때 우리 마음 기쁘고 그 말씀힘 되어 새 희망이 솟는다 고난도 슬픔도 이기게 하시옵고 영원에 잇대어 살아가게 하소사 우리의 자랑과 기쁨 생명의 하나님 우리 예배를 받아주시옵소서. 아멘

딤전 1:17, 영원하신 왕 곧 썩지 아니하고 보이지 아니하고 홀로 하나이신 하나님께 존귀와 영광이 영원무궁 하도록 있을지어다. 아멘

계 4:11, 우리 주 하나님이여 영광과 존귀와 권능을 받으시는 것이 합당하오니 주께서 만물을 지으신지라 만물이 주의 뜻대로 있었고 또 지으심을 받았나이다.

=시 8:1-9 〈주의 이름의 존귀를 사람과 생물 창조에 감격하다〉

여호와 우리의 주님이시여! 주님의 이름이 온 땅에 어찌 그리 장엄한지요? 주님께서 하늘 위에 주님의 찬란한 영광을 두셨습니다. 사람이 무엇이기에 주님께서는 사람을 돌보아 주시는지요? 주님께서는 사람을 천사보다 조금 못하게 지으시고 그 머리에 영광과 존엄의 왕관을 씌우셨습니다. 주님께서 만드신 모든 것을 사람이 다스리게 하시고 모든 것들을 사람에게 맡기셨습니다. 여호와 우리 주여! 주의 이름이 온 땅에 어찌 그리 장엄한지요?

=눅 1:46-55 〈엘리사벳이 성령이 충만으로 마리아 존귀를 말하고 마리아가 복중의 예수 찬양하다〉

마리아가 엘리사벳의 문안을 받고 큰소리로 외쳤습니다. "당신은 여인들 중에서 가장 복받은 자입니다. 당신의 뱃속에 있는 열매가 복됩니다. 내 주님의 어머니께서 내게 오시다니 무슨 일입니까? 보소서 당신의 인사하는 소리가 내귀에 들릴 때에 내 배속의 아이가 기뻐서 뛰어 놀았습니다."

마리아가 말하였습니다. "내 영혼이 주님을 찬양합니다. 내 영혼이 나의 구주 하나님을 기뻐합니다. … 그것은 전능하신 분이 내게 이 큰일을 행하셨기 때문입니다 주님의 이름은 거룩합니다 주님의 자비하심은 하나님을 두려워 하는 자에게 대대로 있을 것입니다. 주님은 강한 팔로 권능을 행하시고 마음이 교만한 자를 흩으셨습니다."

존귀의 하나님 시 104:1

시편 기자는 천상 세계에 비취는 하나님의 영광을 바라봅니다 "여호와 나의 하나님이여, 주는 심히 광대하시나이다!" 여기에서는 하나님의 위대하심을 위대한 왕들이 저들의 공적인 등장을 묘사하면서 여러 가지 예로 나타나고 있습니다. 저들의 마차는(화려한 행렬을 가장 좋아했던 동방의 왕들의 것일지라도) 하나님의 것과 비교할 때, 마치 개똥벌레의 빛을 하나님이 권능으로 나아 갈 때의 태양 빛과 비교하는 것과 같은 것입니다.

1. 그는 땅의 기초를 두었다(5절).

그가 땅의 기초를 "무(無) 위에 세우고"(욥 26:2), 즉 그 자신의 무게로 균형을 잡았지만, 그것은 틀림 없는 기초 위에 세워진 것처럼 요동치 않는다. 그는 지구를 그 기초 위에 세웠다. 비록 그것이 인간의 죄에 의해서 위험한 충격을 받고 지옥의 악한 것이 그것을 치더라도 시간의 종말까지, 새 땅으로 바뀌어야 하는 때까지라도 "영원히 요동치 않게 될 것이다."

2. 그는 바다에 대한 경역(境域)도 고정시켰다.

-왜냐하면 그것도 그의 것이기 때문이다.

(1) 그는 창조 때에 바다의 경계를 정했다.

처음에는 무거운 몸체인 지구가 가라앉고, "깊음으로 덮였다." "물들이 산 위에 서게 되었다."(6절) 그래서 계획된 바와 같이 그것은 인간을 위한 거주지가 되기에는 부적합했다. 그러므로 제3일에 하나님은 "천하의 물이 한 곳으로 모이고 물이 드러나라"(창 1:9)고 말씀하셨다. 하나님의 이러한 명령은, 땅이 물로 덮여 있어서 인간이 거주하기에는 부적합하므로 하나님이 기뻐하시지 않아서 땅을 "견책"한 것처럼 말했다.

이것은 다른 경우에 대해서 말해진 것과 같다(77:16). "하나님이여 물들이 주를 보았나이다. 물들이 주를 보고 두려워하였나이다." 유동적인 물체들까지도 하나님을 두려워하였다. 그러나 "여호와는 강들에 대해 불만족하셨는가?" 아니다. 그것은 "그의 백성들의 구원을 위한 것이었다."(합 3:8, 13).

(2) 하나님은 그것을 경계 안에 보전한다.(9절)
물은 저들에게 정해진 경계를 넘치지 못하도록 되어 있다. 그들은 "다시 돌아와 땅을 덮지 못하게" 되어 있으며 덮을 수도 없다. 하나님이 저들에게 명하셨기 노아의 홍수 때에 한 번 덮었지만, 다시는 세상을 물로 멸하시지 않기로 약속하시고 저들을 금하셨기 때문에 결코 다시는 물이 덮치지 아니할 것이다.

하나님은 이러한 그의 권능의 표징으로써 스스로 영광을 드러내며(욥 28:8) 그것을 우리로 하여금 그를 두려워하도록 하는 증거로써 사용하신다.(렘 5:22) 올바르게 생각한다면 이것은 온 세상이 여호와와 그의 선하심을 경외하게 해 줄 것이다. 바다의 물을 하나님이 저들을 제한하지 않았다면 곧 땅을 뒤덮을 것이다.
존귀하신 하나님의 충만 은총이 더하시기를 축원합니다.

📖 25. 아멘의 하나님

♥ 렘 11:5, 내가 또 너희 조상들에게 한 맹세는 그들에게 젖과 꿀이 흐르는 땅을주리라 한 언약을 이루리라 한 것인데 오늘이 그것을 증언하느니라 하라 하시기로 내가 대답하여 이르되 아멘 여호와여 하였노라

♩ 거룩 거룩 거룩 전능하신 주님이 8장

1. 거룩 거룩 거룩 전능하신 주님 이른 아침 우리 주를 찬양합니다
   거룩 거룩 거룩 자비하신 주님 성 삼위일체 우리 주로다
2. 거룩 거룩 거룩 주의 보좌 앞에 모든 성도 면류관을 벗어드리네
   천군 천사 모두 주께 굴복하니 영원히 위에 계신 주로다
3. 거룩 거룩 거룩 주의 빛난 영광 모든 죄인 눈 어두워 볼 수 없도다
   거룩하신 이가 주님밖에 없네 온전히 전능하신 주로다
4. 거룩 거룩 거룩 전능하신 주님 천지만물 모두 주를 찬송합니다
   거룩 거룩 거룩 전능하신 주님 성 삼위일체 우리 주로다. 아멘

롬 16:27, 지혜로우신 하나님께 예수 그리스도로 말미암아 영광이 세세 무궁하도록 있을지어다. 아멘

계 3:14, 라오디게아 교회의 사자에게 편지하라 아멘이시오 충성되고 참된 증인이시오 하나님의 창조의 근본이신 이가 이르시되

=신 27:11-26 〈율법의 저주에 대해 아멘을 복창 시키다〉

모세와 레위 사람인 제사장들이 온 이스라엘에게 말했습니다.
"이스라엘 백성들이여 조용히 하고 잘 들으시오. 여러분은 오늘 하나님 여호와의 백성이 되었소. 그러므로 하나님 여호와의 말씀에 복종하고 내가 오늘 여러분에게 주는 여호와의 명령과 율법을 잘 지키시오.
레위 사람은 큰 소리로 모든 이스라엘 백성에게 이렇게 말하시오."

대장장이를 시켜서 우상을 조각하거나 쇠를 녹여 만들어서 남몰래 세우는 사람은 저주를 받는다. 여호와께서는 사람이 만든 우상을 역겨워하신다. 모든 백성은 아멘! 이라고 말하시오. 자기 아버지나 어머니를 업신여기는 사람은 저주를 받는다. 모든 백성은 아멘! 이라고 말하시오. 너희 이웃의 땅이 어디까지인가를 표시해 주는 돌을 옮기는 사람은 저주를 받는다. 모든 백성은 아멘! 이라고 말하시오. 눈먼 사람을 잘못된 길로 이끄는 사람은 저주를 받는다. 모든 백성은 아멘! 이라고 말하시오. 외국인과 고아와 과부를 공정하게 대하지 않는 사람은 저주를 받는다. 모든 백성은 아멘! 이라고 말하시오. . . .
짐승과 함께 자는 사람은 저주를 받는다. 모든 백성은 아멘! 이라고 . .
남몰래 이웃을 죽이는 사람은 저주를 받는다. 모든 백성은 아멘! 이라고 말하시오. 돈을 받고 죄없는 사람을 죽이는 사람은 저주를 받는다. 모든 백성은 아멘! 이라고 말하시오.
이 말씀의 가르침을 간직하고 따르지 않는 사람은 저주를 받는다. 모든 백성은 아멘! 이라고 말하시오.

아멘의 하나님 계 3:14

= 신자가 아멘해야 할 일
 1. 롬 4:21, 하나님의 언약을 이룰 것을/ 약속하신 그것을 또한 능히 이루실 줄을 확신하였으니
 2. 고후 1:15, 은혜를 끼치는 것을
 3. 빌 1:6, 성령이 주의 나라까지 함께 하심을
 4. 딤후 3:14~16, 성경이 성령의 감동으로 된 것을
 5. 히 6:9, 구원이 가까운 것이

= 아멘해야 할 이유
 1. 고후 2:3, 타인에게 확신을 주기 위하여/ … 또 너희 모두에 대한 나의 기쁨이 너희 모두의 기쁨인 줄 확신함이로라
 2. 갈 5:10, 요동케 하는 자가 있으니
 3. 빌 2:24, 하나님의 뜻에 순종하기 위하여
 4. 딤후 1:12, 복음을 위해서

= 아멘 자의 생활
 1. 롬 14:14, 제물을 경계/ 내가 주 예수 안에서 알고 확신하노니…
 2. 고후 1:15, 은혜의 확신/ 너희로 두 번 은혜를 얻게 하기 위하여 먼저 너희에게 이르렀다가
 3. 고후 3:4, 하나님 향하여 확신/ 우리가 그리스도로 말미암아 믿는
 4. 골 4:12, 하나님의 뜻을 밝히는 일
 5. 살후 3:4, 계명을 행하는 생활

26. 교훈의 하나님

♥ 딤후 3:16, 모든 성경은 하나님의 감동으로 된 것으로 교훈과 책망과 바르게 함과 의로 교육하기에 유익하니.

♪ **주님의 귀한 말씀은** 206장

1. 주님의 귀한 말씀은 내 발의 빛이요
   목마른 사막 길에서 샘물과 같도다
2. 굶주린 나의 영혼을 만나로 먹이고
   내 갈 길 밝게 비추니 그 말씀 귀하다
3. 낮에는 구름 기둥과 밤에는 불 기둥
   주 백성 앞에 나타나 인도해 주시네
4. 하늘의 깊은 지혜를 깨닫게 하시고
   주 말씀 밝히 알도록 늘 도와주소서. 아멘

요2 1:9, 지나쳐 그리스도의 교훈 안에 거하지 아니하는 자는 다 하나님을 모시지 못하되 교훈안에 거하는 그 사람은 아버지와 아들을 모시느니라.

막11:18, 대제사장들과 서기관들이 듣고 예수를 어떻게 죽일까 하고 꾀하니 이는 무리가 다 그의 교훈을 놀랍게 여기므로 그를 두려워함일러라.

=신 32:1-4 〈이스라엘 총회에서 하나님께 대한 모세의 노래 말씀〉

하늘아 들어라 내가 말할 것이다. 땅아 내 말에 귀를 기울여라 내 교훈은 내리는 비와 같고 내 말은 맺히는 이슬과 같다. 풀 위에 내리는 소나기요 채소 위에 내리는 가랑비다. 내가 여호와의 이름을 선포할 때 너희는 '우리 하나님의 높으심이여' 라고 대답하여라. 여호와께서는 바위와 같으시니 하시는 일이 완전하고 그의 모든 길은 공정하시다. 거짓이 없으시고 미쁘신 하나님이시며 공정하시고 올바른 하나님이시다.

=시 73:22-28 〈교훈으로 인도하시고 영광으로 영접하신다〉

내가 어리석은 탓에 깨닫지 못하고 있었습니다. 나는 주 앞에서 마치 짐승과 같았습니다. 그러나 나는 이제 주와 함께 있습니다. 주께서 주의 손으로 나를 꼭 붙들어 주십니다. 주의 교훈으로 나를 인도해 주시고 후에는 나를 영광 가운데 영접해 주실 것입니다.

=막1:21, 22 〈주 예수님의 놀라운 교훈〉

예수님과 제자들이 가버나움으로 가셨습니다. 안식일에 예수님께서 회당에 들어가셔서 가르치기 시작 하셨습니다. 거기에 있는 사람들이 예수님의 가르침을 받고 놀랐습니다. 그것은 율법학자들과는 달리 예수님께서는 권위 있는 분처럼 가르치셨기 때문입니다.

교훈의 하나님 요 21:9

= 구약에 나타난 말씀 교훈
- 신 1:1-4:40, 모세의 첫 번째 말씀/

모세가 수령을 세우고, 정탐할 사람 보내고, 여호와께서 이스라엘을 벌하시고, 이스라엘이 헤스본 왕 바산 왕 치다, 모세가 요단강을 못 건넘, 지켜야 할 규례들

- 신 4:44-26:19, 모세의 두 번째 말씀/
    4:44~49(모세가 선포한 율법)
    5:1~21(십계명)
    6:1~25(여호와의 명령과 규례와 법도, 불순종에 대한 경고)
    7:12~26(법도를 듣고 지켜 행하면)
    9:1~29(백성 의 불순종)
- 신 27:1-30:20, 모세의 세 번째 말씀
- 신 32:1-43, 모세의 마지막 말씀 교훈
- 수 23:2-16, 여호수아의 말씀
- 수 24:1-25, 여호수아의 고별 말씀
- 느 8:1-8, 에스라의 말씀
- 렘 7:1-10:25, 예레미야의 말씀

= 바울의 말씀 교훈
- 행 9:20-22, 첫 번째 말씀/ 사울이 다메섹에서 전도하다
- 행 13:16-41, 두 번째 말씀/ 바울과 바나바가 비시디아 안디옥에서 전도하다
- 행 16:13, 강가에 모인 여자들에게 한 말씀/ 안식일에 우리가 기도할 곳이 있을까 하여 문 밖 강가에 나가 거기 앉아서 모인 여자들에게 말하는데
- 행 16:29-32, 실라와 함께 말씀 교훈함
- 행 20:6,7, 드로아에서 한 말씀

- 행 20:17-35, 장로들에게 한 말씀 교훈
- 행 24:10-21, 벨릭스 앞에서 한 말씀
- 행 26:1-29, 아그립바 앞에서의 말씀 교훈
- 행 27:21-26, 갑판 위에서의 말씀
- 행 28:25-28, 마지막 말씀 교훈
- 갈 2:14-21, 베드로에게 한 말씀

= 베드로의 말씀 교훈
- 행 1:13-22, 다락방에서의 말씀/ 베드로의 다락방에서의 말씀
- 행 2:14-40, 오순절에의 말씀
- 행 3:12-26, 성전에서의 말씀
- 행 10:34-43, 고넬료 집에서의 말씀 교훈
- 행 15:7-11, 예루살렘 회의에서의 말씀

= 스데반의 말씀 교훈
행 7:2-60, 아브라함부터 온 족장들 애굽서 모세에까지 그리고 솔로몬의 성전에까지 말씀과 군중의 돌로 맞아 순교하다.

27. 광대하신 하나님

♥ 시 40:16, 주를 찾는 자는 다 주 안에서 즐거워하고 기뻐하게 하시며 주의 구원을 사랑하는 자는 항상 말하기를 여호와는 위대하시다 하게 하소서

♪ 큰 영화로신 주 35장

1. 큰 영화로신 주 이곳에 오셔서 이 모인 자들로 주 백성 삼으사
   그중에 항상 계시고 그중에 항상 계시고 큰 영광 나타내소서
2. 이 백성 기도와 또 예물 드림이 향내와 같으니 곧 받으옵소서
   주 예수크신 복음을 주 에수 크신 복음을 만백성 듣게 하소서
3. 또 우리 자손들 다 주를 기리고 저 성전 돌같이 긴하게 하소서
   주 구원하신 능력을 주 구원하신 능력을 늘 끝날까지 주소서
4. 주 믿는 만민이 참 진리 지키며 옛 성도들같이 주 찬송하다가
   저 천국 보좌 앞에서 저 천국 보좌 앞에서 늘 찬송하게 하소서. 아멘

시 70:4, 주를 찾는 모든 자들이 주로 말미암아 기뻐하고 즐거워하게 하시며 주의 구원을 사랑하는 자들이 항상 말하기를 하나님은 위대하시나 하게 하소서.

시 104:1, 내 영혼아 여호와를 송축하라 여호와 나의 하나님이여 주는 심히 위대하시며 존귀와 권위로 옷 입으셨나이다.

=삼하 7:18-25 〈광대하신 하나님께 드린 다윗의 기도〉

나단을 통해 하나님의 말씀을 들은 다윗 왕은 장막으로 들어가서 여호와 앞에 앉았습니다. "주 여호와여 제가 누구이기에 그리고 제 집안이 무엇이기에 그토록 위해 주십니까? 주 여호와여 주께서는 장차 제 집안에 말씀하신 것도 부족하여 인류의 대강령을 주셨습니까? 더 이상 무슨 말씀을 드리겠습니까? 주 여호와여 주께서는 주의 종인 저를 너무나 잘 아십니다. ….

여호와 하나님이시여 이처럼 주께서는 광대하십니다. 주님과 같으신 분은 없습니다. 주님 밖에는 다른 하나님이 없습니다. 우리는 이 모든 일을 우리 귀로 직접 들었습니다. … 하나님께서는 저희와 주의 땅을 위대하고 놀라운 기적을 일으키셔서 주의 이름을 널리 알리셨습니다."

=느 9:17-27 〈죄를 자복하며 하나님의 은혜 크심 고백하다〉

우리가 주의 규례를 범하여 듣지 아니 하였나이다. 그러나 주께서 그들을 여러 해 동안 참으셨습니다. 주의 예언자들을 보내셔서 주의 영으로 타일렀지만 그들은 귀를 기울이지 않았습니다. 그래서 주께서 다른 민족들의 손에 그들을 넘기시고 원수들이 그들을 무찌르게 하셨습니다. 그러나 주는 사랑 그 자체이셔서 그들 모두를 죽이지는 않으셨습니다. 주는 은혜가 많으시고 자비로운 하나님이십니다. 우리 하나님 주는 광대하시고 능력이 많으시고 놀라운 하나님이십니다. 주께서는 사랑의 언약을 지켜 주십니다.

광대하신 하나님 시 104:1

　시편 104편은 우리에게 하나님의 창조세계를 구석구석 살피고 있는 한 시인을 발견하게 합니다. 이 시인의 관찰 속에는 온갖 피조물이 들어 있습니다. 그는 하늘과 땅과 산과 골짜기와 바위와 샘과 바다를 바라보는가 하면, 그 안의 구름과 바람과 우렛소리와 불꽃과 물을 관찰합니다. 그는 또 해와 달을 응시하며 빛과 흑암과 밤을 묵상합니다. 그의 눈에는 사자, 들나귀, 산양, 너구리 등 들과 삼림의 각종 짐승들이 보이는가 하면, 학을 위시한 공중의 새들과 바다 속의 크고 작은 동물들도 보입니다. 시인의 눈은 레바논 백향목이나 잣나무 같은 나무들에서부터 풀과 채소에까지 닿으며 그 식물들이 내는 포도주, 기름 등 온갖 양식에까지 이릅니다.

　시인은 하나님을 단지 만물을 창조하는 것으로 그치시는 하나님이 아니라 친히 만물을 다스리시며 그 절대적 주인이 되시는 하나님을 목격합니다. 2-4절은 그것을 이렇게 시적으로 표현하고 있습니다: "주께서 옷을 입음 같이 빛을 입으시며 하늘을 휘장 같이 치시며/ 물에 자기 누각의 들보를 얹으시며 구름으로 자기 수레를 삼으시고 바람 날개로 다니시며/ 바람을 자기 사신으로 삼으시고 불꽃으로 자기 사역자를 삼으시며". 빛도 하늘도 물도 구름도 바람도 불꽃도 마치 당신의 옷처럼 휘장처럼 날개처럼 수레처럼 사신처럼 사역자처럼 다 마음대로 사용하시는 하나님을 보이고 있는 것입니다.

　시인은 또 그 어떤 피조물도 하나님께서 명하시면 거역할 수 없음을 말합니다. 9절을 봅니다: "주께서 물의 경계를 정하여 넘치지 못하게 하시며 다시 돌아와 땅을 덮지 못하게 하셨나이다." 깊은 바다의 물도 하나님의 뜻대로 흐른다는 것입니다.

　시인은 또 그냥 다스리시는 하나님이 아니라 주권과 능력과 지혜와 공의로 다스리시는 하나님을 말합니다. 5절에서는 "땅에 기초를 놓으사 영원히 흔들리지 아니하게 하셨나이다" 했고, 19절에서는 "여호와께서 달로 절기를 정하심이여 해는 그 지는 때를 알도다" 했으며, 24절에서는 "여호와여 주께서 하신 일이 어찌 그리 많은지요 주께서 지혜로 그들을 다 지으셨으니 주께서 지으신 것들이 땅에 가득하니이다"라고 말합니다.

시인은 또 하나님의 주권과 능력과 지혜와 공의는 그저 주권과 능력과 지혜와 공의가 아니라 피조물들의 유익과 궁극적으로 우리의 유익과 행복을 위한 주권과 능력과 지혜와 공의임을 말합니다.

시인은 따라서 모든 피조물의 생존과 행복은 오직 그리고 전적으로 하나님께 달려있음을 선언합니다. 21절은 "젊은 사자들이 그들의 먹이를 하나님께 구한다"고 하며, 27절에서는 "바다 속의 생물 곧 크고 작은 동물들도 다 주께서 때를 따라 먹을 것을 주시기를 바란다"고 말합니다. 그래서 시인은 "여호와여 주께서 하신 일이 어찌 그리 많은지요 주께서 지혜로 그들을 다 지으셨으니 주께서 지으신 것들이 땅에 가득하니이다 … 내가 평생토록 여호와께 노래하며 내가 살아 있는 동안 내 하나님을 찬양하리로다" 말합니다.

예수 그리스도 안에서 우리에게 베푸신 그 놀라운 은혜를 생각하며 우리 모두 평생 감사의 찬양을 드리는 믿음의 사람들이 될 수 있으시기를 바라며 축복합니다.

28. 질투하시는 하나님

♥ 신 4:24, 네 하나님 여호와는 소멸하는 불이시오 질투하시는 하나님이시니라

♪ 우리는 주님을 늘 배반하나 290장

1. 우리는 주님은 늘 배반하나 내 주 예수 여전히 날 부르사
   그 참되신 사랑을 베푸시나니 내 형제여 주님을 곧 따르라
2. 주께서 풍성한 은혜를 내려 내 영혼이 나날이 복 받으니
   주 예수를 너희도 구주로 섬겨 곧 따르면 풍성한 복 받겠네
3. 무거운 짐 지고 애타는 인생 주 예수께 돌아와 곧 쉬어라
   내 주 예수 너희를 돌보실 때에 참 복락과 안위가 넘치겠네

후렴) 주 널 위해 비네 주 널 위해 비네
       주 널 위해 비네 항상 비시네

출 20:5, 그것들에게 절하지 말며 그것들을 섬기지 말라 나 네 하나님 여호와는 질투하는 하나님인즉 나를 미워하는 자의 죄를 갚되 아버지로부터 아들에게로 삼사 대까지 이르게 하거니와

습 1:18, 그들의 은과 금이 여호와의 분노의 날에 능히 그들을 건지지 못할 것이며 이 온 땅이 여호와의 질투의 불에 삼켜지리니 이는 여호와가 이 땅 모든 주민을 멸절하되 놀랍게 멸절할 것임이라.

=출 34:10-1 〈다시 언약을 세우시며 질투하는 하나님이라 하심〉

여호와께서 말씀하셨습니다.

"내가 이제 너희와 이 언약을 세우겠다. 내가 너희 모든 백성 앞에서 기적을 일으키겠다. 그것은 이 땅위의 어떤 나라에서도 일어난 적이 없는 기적이다. 나희와 함께 사는 모든 백성이 여호와의 일을 보게 되리니 내가 너희에게 놀랄 일을 행할 것이다.

내가 오늘 너희에게 명령하는 것을 지켜라 그러면 내가 너희 원수들을 너희 땅에서 쫓아내겠다.

내가 아모리 사람과 가나안 사람과 헷 사람과 브리스 사람과 히위 사람과 여부스 사람을 너희 앞에서 쫓아낼 것이다. 조심하여라.

너희가 가고 있는 땅에 사는 사람들과 어떠한 언약도 맺지마라 만약 언약을 맺으면 그것이 너희에게 재앙을 가져올 것이다.

그들의 제단을 부수고 그들의 돌 기둥을 무너뜨려라. 그들의 아세라 상을 베어 버려라.

다른 신을 섬기지 말라. 왜냐하면 '질투의 신'이라는 이름을 가진 나 여호와는 질투하는 하나님이기 때문이다. 조심하여라.

그 땅에 사는 백성과 어떤 언약도 맺지 말라. 그들은 음란하게 헛된 신들을 섬기고 재물을 바친다.

그러니 그들이 너희를 초대하면 너희는 그들과 어울려 그들의 제물을 먹게 될지도 모른다.

질투하시는 하나님 신 4:24

본문에 아주 특별한 하나님의 이름이 소개되고 있습니다. 바로 '엘 칸나'입니다. 그 뜻이 바로 "질투하시는 하나님"입니다. 왜 질투하시는 하나님이라고 이름을 지으셨을까요? 왜 이 이름으로 하나님을 알려주셨을까요?

1. 하나님의 사랑을 나타내시려고

하나님께서 질투하신다는 표현은 성경 여러 곳에서 발견됩니다. 이 여러 곳의 말씀들은 언제나 같은 상황을 전제로 하고 있습니다. 즉 하나님의 백성들이 우상을 섬기는 상황에서 하신 말씀입니다. 그러니까 하나님께서는 하나님의 백성들이 하나님을 외면하고 우상을 섬기려 할 때 "나는 질투하는 하나님이다." 라고 말씀하신 것입니다.

우리가 생각해야 할 것은 하나님께서 질투하신다고 말씀하실 때 그 질투가 일반적인 사람들의 질투와 그 성격이 다르다는 점입니다. 질투하시서도 여전히 하나님의 백성을 사랑합니다. 밉고 화가 나지만 사랑하기 때문에 미운 것입니다.

하나님께서 질투하신다는 것은 우리를 사랑하신다는 뜻이고 우리가 하나님의 연인이라는 뜻이라는 말입니다.

그렇습니다. 질투는 사랑하기 때문에 합니다. 하나님께서 우리에게 질투를 느끼시는 것은 우리를 사랑하기 때문입니다.

사랑하는 여러분! 도대체 우리가 무엇이 길래 하나님께서 이처럼 질투를 느끼실 정도로 사랑하신단 말입니까? 정말 보잘 것 없고 형편없는 우리 아닙니까? 주님의 질투 속에서 우리를 향하신 그 사랑의 깊이를 뜨겁게 느낄 수 있기를 바랍니다.

2. 하나님의 요구를 나타내시려고

하나님의 질투는 성경에 여러 차례 나타나고 있습니다. 대표적으로 이스라엘 백성이 광야 생활하는 동안에만도 여러 차례 나타납니다.

출 24장에 하나님께서 이스라엘 백성과 언약을 맺으셨습니다. 이때, 하나님께서는 모세에게 언약서를 낭독하게 하시고 이스라엘 백성들에게 피를 뿌리게 하셨습니다. 말하자면 결혼 서약을 하게 하시고 성혼 선언을 하신 것입니다.

이 때 하나님께서 언약서 안에 첫 번째로 기록하여 강조하신 것이 나 외에 다른 신을 섬기지 말라는 것입니다. 그러면서 하나님은 질투하시는 하나님이시라고 말씀하셨습니다.

이스라엘 백성들이 하나님만을 섬기고자 했지만 살다보면 한 눈 팔게 되고 마음이 흔들리게 되었습니다. 그 때마다 하나님께서 말씀하셨습니다. "나는 질투하는 하나님이다." 그래서 하나님만 섬기도록 요구하신 것입니다.

그뿐 아니라 하나님께서 하나님의 질투심을 느끼고 행동한 비느하스를 칭찬하셨습니다. 그로 인해서 이스라엘 백성을 용서하셨습니다. 그러니까 하나님의 종들에게 하나님의 질투심을 함께 느낄 수 있도록 요구하고 계신 것입니다.

그렇습니다. 하나님께서 우리에게 요구하시는 것이 있습니다. 어떻게 보면 하나님의 요구는 남자와 여자의 요구를 합쳐놓은 것 같습니다. 마음으로도 하나님을 떠나지 말 것이며 행동으로도 우상 앞에 절하지 말라는 것입니다. 아울러 영적 지도자들에게 하나님의 질투심을 함께 느껴달라는 것입니다.

3. 하나님의 열심을 나타내시려고

질투라는 말은 구약성경에서는 히브리어로 칸나로 나타납니다. 그리고 신약성경에는 헬라어로는 젤로스로 나타납니다.

그런데 이 젤로스는 성경에서 두 가지 의미로 쓰여집니다. 하나는 질투라는 말이고, 다른 하나는 열심이라는 말입니다. 영어에서는 이것을 확실하게 구분하고 있습니다. 먼저 'Jealous'입니다. 이 말은 질투라는 뜻을 가진 말입니다. 형용사로 쓰여서 우리말로는 '질투심이 강한'이라고 번역합니다. 다음은 'Zealous'입니다. 이 말은 열심이라는 뜻을 가진 말입니다. 형용사로 쓰여서 우리말로는 '열심인'이라고 번역합니다.

그러니까 하나님의 질투라는 말은 하나님의 열심과 통하는 말입니다. 하나님의 질투 안에는 하나님의 열심이 담겨있다는 뜻입니다.

하나님은 질투하시는 분이십니다. 저와 여러분을 사랑하시는 분이라는 뜻입니다. 그 안에 하나님만 사랑하라는 요구가 담겨있습니다. 그리고 하나님의 우리를 향하신 뜨거운 열심이 있습니다.

오늘도 말씀하십니다. "너를 사랑한다. 나만을 사랑하기를 바란다. 오늘도 열심으로 너를 위해 일하고 있다."

하나님의 질투를 바로 아시고 늘 하나님만을 사랑하는 은혜가 있으시기 바랍니다. 축원합니다.

29. 상천하지의 하나님

♥ 신 4:39, 그런즉 너는 오늘 위로 하늘에나 아래로 땅에 오직 여호와는 하나님이시오 다른 신이 없는 줄을 알아 명심하고

♪ **내 눈을 들어 두루 살피니** 73장

1. 내 눈을 두루 살피니 산악이라, 날 돕는 구원 어디서 오나
   그 어디서 하늘과 땅을 지은 여호와 날 도와주심 확실하도다
2. 주께서 나의 가는 곳마다 지키시며 졸지도 않고 깨어계셔서
   늘 지키네 이스라엘을 지키시는 이 쉬지도 않고 살펴주시네
3. 여호와 나의 보호자시니 늘 지키며 오른팔 들어 보호하시고
   그늘 되네 낮에는 해가 상치 못하며 또 밤의 달이 해치 못하네
4. 여호와 나의 영혼 지키사 돌보시며 내 모든 죄를 사해주시고
   늘 지키네 이제로부터 영원무궁히 주 나의 출입 지켜주시리. 아멘

수 2:11 우리가 듣자 곧 마음이 녹았고 너희로 말미암아 사람이 정신을 잃었나니 너희의 하나님 여호와는 위로는 하늘에서도 아래로는 땅에서도 하나님 이시니라.

왕상 8:23 이르되 이스라엘 하나님 여호와여 위로 하늘과 아래로 땅에 주와 같은 신이 없나이다. 주께서는 온 마음으로 주의 앞에서 행하는 종들에게 언약을 지키시고 은혜를 베푸시나이다.

=출 13:17-22 〈상천하지의 하나님이 구름기둥 불기둥으로〉

바로가 이스라엘 백성을 내보냈습니다. … 하나님께서는 이스라엘 백성을 홍해쪽의 광야로 인도하셨습니다. 모세는 요셉의 유골을 가지고 나왔습니다. .. 이스라엘 백성은 숙곳을 떠나 에담에 진을 쳤습니다. 여호와께서는 백성에게 길을 가르쳐 주셨습니다. 낮에는 구름기둥으로 인도 하셨고, 밤에는 불기둥으로 불을 밝히면서 인도하셨습니다. 그래서 이스라엘 백성은 밤낮으로 갈 수 있었습니다. 낮에는 구름기둥이 밤에는 불기둥이 백성을 떠나지 않았습니다.

=왕상 8:23-30 〈상천하지의 하나님께 솔로몬의 기도〉

솔로몬은 하늘을 향해 팔을 치켜들었습니다. 그리고 말하기를, "이스라엘 하나님 여호와여 주님 같으신 분은 어디에도 없습니다. 저 하늘에도 없고 저 땅에도 없습니다. 주께서는 주님의 백성을 사랑하셔서 그들과 언약을 맺어 주셨습니다. 그리고 참마음으로 주님을 따르는 사람들에게는 그 언약을 지켜 주셨습니다. 주께서는 주의 종인 내 아버지 다윗에게 하신 약속을 지켜 주셨습니다. 주님의 입으로 말씀하신 그 약속을 오늘 주님의 크신 능력으로 이루어 주셨습니다.

주께서는 전에 '내 이름이 거기 있을 것이다' 라고 말씀하셨습니다. 그러니 밤낮으로 이 성전을 지켜 봐 주십시오. 이 곳에서 제가 드리는 기도를 들어 주십시오. 저와 주님의 백성 이스라엘이 이 곳을 향해 기도할 때에 주님은 하늘에서 들으시고 우리 죄를 용서해 주십시오."

상천하지의 하나님 수 2:3-24

믿음 있는 라합을 보면 상천하지의 하나님을 확신할 수 있습니다

1. 라합은 절망하지 않는 믿음의 여인이었습니다.

당시에, 여리고가 죄로 가득하여, 가뜩이나 민심이 흉융하였습니다.

그런데, 이스라엘 백성들이 행진하여 온다고 하니까 … 모두들 어떠하였겠습니까? 이스라엘 백성들에게는 여호수아 장군이 있습니다. 이스라엘 백성들에게는 법궤가 있습니다. 앞을 가로막는 족속들을 무찌르고, 앞을 가로막는 요단강을 멈추게 하였던, 능력과 이적이 나타나는 60만의 대 군대가 지금 몰려오고 있었다고 합니다.

지금까지도 힘들게 살아왔는데. 이제는 다 죽었다.

이제 여리고 성이 무너지면, 우리는 이스라엘 군사들에게 다 죽었다.

모두들 그렇게 무서워 했다고 합니다.

라합이 어떤 여성이었습니까? 보통 사람이라면 자포자기 하며, 절망하였을 것입니다. 라합은 이러한 상황에서도 포기하지 않았습니다. 낙망낙심하지 않았습니다. 끝까지, 가족과 친척들을 살리기 위하여, 마지막까지 노력하고 또 노력하였던 것입니다.

라합으로부터 배울 믿음의 교훈은, 낙심하지 않고, 끝까지 노력하고 또 노력하였던 것입니다. 더 이상 소망이 없는 상황에서도 믿음으로 한없이 최선을 다하였던 라합의 신앙의 자세를 본받아야 하겠습니다.

우리도 예수님의 십자가의 사랑을 가슴에 품을때..지치지 않게 됩니다. 낙망낙심하지 않게 됩니다. 무한한 기쁨과 무한한 감사로, 믿음의 길을 걸어가게 된다고 합니다.

2. 라합은 책임을 감당하는 믿음의 여인이었습니다.

"라합이 그들에게 이르되 두렵건대 뒤쫓는 사람들이 너희와 마주칠까 하노니 너희는 산으로 가서 거기서 사흘 동안 숨어 있다가 뒤쫓는 자들이 돌아간 후에 너희의 길을 갈지니라."(16절)

라합은 사명자였습니다.

라합이 얼마나 똑 소리나게 사명을 감당하였는지 나오고 있습니다. 여호수아 장군이, 여리고성을 정탐하러 두명에 정탐꾼을 보내었습니다. 두명의 정탐꾼이 여리고 성을 정탐하다가 발각되어 쫓기게 되었습니다.

라합은 이 정탐꾼을 숨겨준 다음 부탁을 합니다. 여리고 성이 무너질 때, 내가 당신들을 숨겨주었던 것같이. 당신들은 우리 가족을 살려 주시오.. 정탐꾼이 돌아갈때에. 라합은 또 말합니다.

바로 돌아가면, 잡힐지 모르니, 근처 산으로가서 사흘동안 숨어 있다가 돌아가시오.

그래서 라합은 자신의 사명이 얼마나 중한지 알고, 정탐들이 돌아가는 길 까지 챙겼다고 합니다. 라합은 힘쓰고 애쓰는 여인이었습니다.

자신의 책임이 중하기에, 하나라도 잘못될까... 끝까지 챙기고 또 챙겼다고 합니다.

이러한 간절하고 분명한 믿음의 자세가 있었기에.

3. 라합은 믿음으로 구원 받았던 여인이 되었습니다.

라합은 자신의 가정을 죽음에서 구한 여인이 아니라, 더나가서...

하나님 앞에 구원을 얻는 여인이 되었습니다. 그래서 라합은 살몬이라는 분과 결혼을 하여, 보아스를 나았고, 이 보아스는 이방여인 룻과 결혼하여서 오벳을 낳았고, 이 오벳은 다윗 왕의 할아버지가 되었습니다.

라합은 "나만 살아남아야지, 그랬던 것이 아니라, 나의 가족을 다 살려내어야 되겠다." 마음이 참 넓었던 여인이었습니다. 그리고 그 책임을 완수하려고, 똑소리 나게, 애쓰는 여인이었습니다.

죄의 도성, 멸망에 도성에서, 우리 가족을 살려 주시옵소서. 이 간절한 마음을 하나님께서 보시고.. 하나님께서는 라합의 믿음 위에 다윗왕이 태어나는, 믿음의 가정을 세우셨습니다.

이런 믿음의 사람을 하나님이 은혜주시고 쓰시는데 포함되시는 여러분이 되시기를 주님의 이름으로 바랍니다.

🕮 30. 영원무궁하신 하나님

♥ 시 10:16, 여호와께서는 영원무궁하도록 왕이시니 이방 나라들이 주의 땅에서 멸망하였나이다.

🎵 **성부 성자와 성령** 4장

성부 성자와 성령
영원히 영광받으옵소서
태초로 지금까지 또 길이 영원무궁
성 삼위께 영광. 아멘

단 2:20, 다니엘이 말하여 이르되 영원부터 영원까지 하나님의 이름을 찬송할 것은 지혜와 능력이 그에게 있음이로다.

엡 3:21, 교회 안에서와 그리스도 예수 안에서 영광이 대대로 영원무궁 하기를 원하노라. 아멘

딤전 1:17, 영원하신 왕 썩지 아니하고 보이지 아니하고 홀로 하나이신 하나님께 존귀와 영광이 영원무궁 하도록 있을 지어다. 아멘

=단 2:14-20 〈다니엘이 하나님의 영원과 지혜와 능력을 찬송〉

다니엘은 지혜자들을 죽이기로 나온 왕의 경호대장 아리옥에게 조심스러우면서도 지혜롭게 물어 보았습니다.
"왜 왕이 그런 끔직한 명령을 내리셨습니까?"
그러자 아리옥이 그 일을 다니엘에게 설명해 주었습니다.
다니엘이 왕을 찾아와서 조금 더 시간을 주면 그 꿈과 그 뜻을 풀어 드리겠다고 말했습니다. 집에 돌아와 친구 세 사람에게 그 일을 알려 주었습니다.
다니엘과 그의 친구들은 하나님의 불쌍히 여기심으로 바벨론의 다른 지혜자들과 같이 죽지 않게 해 달라고 간절히 기도 하였어요. 그날 밤에, 다니엘은 환상을 통해 그 비밀을 알게 되었습니다.
같이 찬양 했습니다.
"지혜와 권능이 하나님의 것이니 그의 이름을 찬양하여라
하나님은 때와 계절을 바꾸시고 왕을 폐하기도 하시고 세우기도 하신다. 지혜자들에게 지혜를 더하시고 총명한 사람들에게 지식을 주신다. 깊이 감추어진 비밀을 들어내시고 어둠속에 감추인 것을 아시며 빛으로 둘러싸여 계신 분이다. 네 조상의 하나님 주께 감사와 찬양을 드립니다. 주는 제게 지혜와 능력을 주셨습니다. 우리가 주께 구한 것을 주시고 왕의 일을 우리에게 알려 주셨습니다. 내게 지혜와 능력을 주시는 주께 감사와 찬양을 드립니다."

영원무궁하신 하나님 시 10:16

영원무궁하신 하나님을 정말 믿는 자는 겸손을 표상하고 생활하게 됩니다. 우리는 서로 사랑함으로 높은 자도 섬기고, 낮은 자도 섬기고, 누구든지 섬기기를 좋아하는 이런 겸손을 행하여야 합니다.

겸손한 자에게 임하시는 하나님의 은혜가 무엇인가에 대해서 말씀을 상고하면서 함께 은혜를 나누고자 합니다.

1. 소원을 들어주십니다.

"여호와여, 주는 겸손한 자의 소원을 들으셨으니, 저희 마음을 예비하시며 귀를 기울여 들으시고"(17절)

사람은 각기 나름대로 소원을 가지고 있습니다. 그래서 이 소원을 성취하기 위해서 하나님께 기도합니다. 그런데 하나님은 어떠한 자의 소원을 이루어주실까요? 바로 겸손한 자입니다.

2. 하나님께서 붙들어주십니다.

"여호와께서 겸손한 자를 붙드시고"(시 147:6)

겸손한 자는 하나님께서 붙들어주십니다. 우리는 늘 주님께 붙드심을 받아야 됩니다. 어린아이가 부모의 손에 붙잡혀 있으면 넘어지는 순간에 부모가 일으켜주시고, 위험할 때 안전한 곳으로 인도해주듯이, 주님이 우리의 손을 붙잡아주실 때 하나님께서 우리를 천국까지 안전하게 인도해주실 줄 믿습니다.

주님이 붙잡아주시면 쓰러지고 넘어져 절망 가운데 있다 할지라도 하나님은 일으키실 능력이 있습니다.

시편 22:26에 "겸손한 자는 먹고 배부를 것이며"라고 말씀했습니다. 하나님께서는 붙잡아주시되 겸손한 자를 붙잡아주십니다. 우리는 늘 겸손한 손을 내밀어야 됩니다. 겸손한 마음으로 주님을 향하고 의지해야 되는 것입니다.

3. 존귀하게 해주십니다.

"여호와를 경외하는 것은 지혜의 훈계라. 겸손은 존귀의 앞잡이니라."(잠 15:33)

사람은 다 누구든지 남보다도 뛰어나고, 남보다도 똑똑하고 잘 생기고, 앞서가기를 원합니다. 여러분, 이렇게 존귀하게 되는 비결은 겸손한 데 있습니다. 겸손은 존귀의 앞잡이가 되는 것입니다. 하나님께서는 겸손한 자를 존귀한 자로 만들어주십니다.

야고보서 4:10에도 "주 앞에서 낮추라. 그리하면 주께서 너희를 높이시리라."고 말씀했습니다. 모든 것을 주님이 높여주십니다.

4. 구원의 은혜를 입게 해주십니다.

"네가 낮춤을 받거든 높아지리라고 말하라. 하나님은 겸손한 자를 구원하시느니라."(욥 22:29)

하나님은 겸손한 자를 구원해주신다고 했습니다.

시편 149:4에도 보면, "여호와께서는 자기 백성을 기뻐하시며 겸손한 자를 구원으로 아름답게 하심이로다."라고 말씀했습니다. 구원의 은총이 겸손한 자에게 함께 하십니다.

항상 겸손한 자가 되어 모든 소원이 성취되고, 하나님께 붙들림을 받아 존귀하게 되어 지며, 어떠한 상황에서도 구원해주시는 하나님의 은혜를 다 받아 누리시기를 주의 이름으로 축원합니다.

31. 할렐루야의 하나님

♥ 시 106:1, 할렐루야 여호와께 감사하라 그는 선하시며 그 인자하심이 영원함이로다.

♪ **다 찬양하여라** 21장

1. 다 찬양하여라 전능왕 창조의 주께
   내 혼아 주 찬양 평강과 구원의 주님
   성도들아 주 앞에 이제 나와 즐겁게 찬양하여라
2. 다 찬양하여라 놀라운 만유의 주께
   포근한 날개 밑 늘 품어주시는 주님
   성도들아 주님의 뜻 안에서 네 소원 다 아루리라
3. 다 찬양하여라 온 몸과 마음을 바쳐
   이 세상 만물이 주 앞에 다 나와 찬양
   성도들아 기쁘게 소리 높여 영원히 찬양하여라. 아멘

시 112:1, 할렐루야 여호와를 경외하며 그의 계명을 크게 즐거워하는 자는 복이 있도다.

시 117:2, 우리에게 향하신 여호와의 인자하심이 크시고 여호와의 진실하심이 영원함이로다. 할렐루야.

=신 10:12-22 〈여호와께서 요구하시는 것, 하나님께 찬송〉

이스라엘 백성들이여 여러분의 하나님 여호와께서 바리는 것이 무엇이오? 그것은 여러분의 하나님 여호와를 존경하고 주께서 명령하신 말씀을 따르며 주를 사랑하고 마음과 정성을 다하여 여러분의 하나님 여호와를 섬기는 것이오. 또한 여러분이 잘되게 하기 위해 내가 오늘 여러분에게 주는 여호와의 명령과 율법에 복종하는 것이오.

세계와 그 안의 모든 것은 여호와의 것이요 하늘과 가장 높은 것까지도 여호와의 것이오. 여호와께서는 여러분의 조상을 돌보시고 사랑하셔서 그들의 자손인 여러분을 오늘 이렇게 다른 모든 나라 가운데서 선택하여 주셨소. 그러니 여러분은 마음을 참되게 하고 다시는 고집을 피우지 마시오.

여러분의 하나님 여호와는 모든 신의 하나님이시며, 모든 주의 주시요. 여호와께서는 위대한 하나님이시며 강하고 두려운 분이시오. 불공평한 일은 하지 않으시며 뇌물도 받지 않으시는 분이시오. 고아와 과부를 도와 주시고, 외국인을 사랑하셔서 그들에게 먹을 것과 옷을 주시는 분이시오. 여러분은 외국인을 사랑해야 하오. 이는 여러분도 애굽에서 외국인이었기 때문이오. 여러분의 하나님 여호와를 존경하고 잘 섬기시오. 여호와께 충성하시오. 맹세를 할 때는 여호와의 이름으로만 맹세하시오. 여호와를 찬양하시오.

여호와는 여러분의 하나님이시오. 여러분이 눈으로 직접 보았듯이 여호와께서 여러분을 위해 크고도 두려운 일을 해 주셨소. 여러분의 조상이 애굽으로 내려갈 때는 70명 밖에 없었소. 그러나 지금은 여러분의 하나미 여호와께서 여러분을 하늘의 별처럼 많게 해 주셨소.

할렐루야의 하나님 시117:2

할렐루야의 하나님을 믿는다면 진실한 생활로 분명 살아갑니다. 오늘 우리 시대의 위기는 진실성이 사라졌다는 점에 있습니다. 진실하신 하나님을 믿는 성도들은 진실한 삶을 살아야 합니다. 우리가 진실을 지키고 진실하게 살려면 어떻게 해야 할까요?

1. 진실하신 하나님을 의뢰해야 합니다.

진실하다는 말은 앞에서 말씀드린 대로 에메트입니다. 이 말은 지탱하다, 버티다 라는 본래적인 의미를 가지고 있습니다. 그래서 든든한 기반이 되는 것입니다. 다시 말해서 하나님의 진실성은 우리의 진실성의 기반이 되는 것입니다. 진실하신 하나님을 의지하고 믿고 따라가면 우리도 진실한 삶을 살 수 있게 되는 것입니다.

히 6:18-9를 보면 "이는 하나님이 거짓말을 하실 수 없는 이 두 가지 변치 못할 사실을 인하여 앞에 있는 소망을 얻으려고 피하여 가는 우리로 큰 안위를 받게 하심이라 우리가 이 소망이 있는 것은 영혼의 닻 같아서…"라고 말씀했습니다. 여기에서 영혼의 닻이라는 중요한 표현이 나옵니다.

우리가 진실하신 하나님께 우리의 영혼의 닻을 내리면 어떤 풍랑이 일고, 어떤 파도가 쳐도 끄떡하지 않습니다. 그러나 우리 영혼의 닻을 하나님 아닌 것에 내리면 조그만 풍랑에도 그 인생이 흔들립니다.

많은 경우 사람 믿고, 사람 의지하다가 큰 낭패를 봅니다. 나중에 "정말 그 사람이 그럴 줄 몰랐어!" "사람이 어떻게 그럴 수가 있어? 그렇게 철썩 같이 약속해 놓고…" 우리 주변에서 이런 말을 너무 흔히 듣습니다. 그렇습니다. 사람에게 우리의 영혼의 닻을 내려서는 안됩니다.

2. 깨끗한 양심을 가져야 합니다.

딤전 1:5를 보면 "깨끗한 양심에 믿음의 비밀을 가진 자라야 할찌니"라고 말씀했습니다. 주를 위해 일해야 할 일꾼의 기본 자격 조건을 말씀하시면서 깨끗한 양심이 있어야 한다는 것입니다.

우리의 양심이 더러워지거나 우리의 양심이 무뎌지면 우리가 진실할 수 없습니다.

그렇습니다. 양심은 자율적으로 자기의 행동을 통제하는 힘입니다. 이것이 무뎌지거나 이것이 오염되면 자기 스스로 자신의 행동을 통제할 수 없습니다.

하나님은 우리에게 선한 양심을 주셨습니다. 깨끗한 양심을 선물로 주셨습니다. 그러나 우리가 잘 관리하지 못해서 그 양심이 더러워졌습니다. 마치 며칠 세수하지 않은 사람의 얼굴처럼 양심이 더러워집니다. 우리가 잘 관리하지 못해서 무뎌져 제대로 기능을 발휘하지 못합니다. 마치 오랫동안 내버려둬서 정작 쓰려고 할 때 작동하지 않는 농기계처럼 양심이 마비되어 버렸습니다.

우리의 양심을 돌아보시기 바랍니다. 우리가 깨끗한 양심을 회복할 때 우리가 진실한 삶을 살 수 있습니다.

영원히 영광 존귀 능력 권세와 영광 찬송을 받으실 하나님께 진실로 순종하시기를 바라며 축원합니다.

32. 세세무궁하신 하나님

> ♥ 애 5:19, 여호와여 주는 영원히 계시오며 주의 보좌는 대대에 이르나이다.

♪ **성부 성자 성령** 7장

성부 성자 성령 삼위일체께
입을 모아 찬양 경배드리세
태초부터 지금까지
또 영원토록 영광 영광. 아멘

♪ **이 천지간 만물들아** 5장

이 천지간 만물들아
복 주시는 주 여호와
전능 성부 성자 성령
찬송하고 찬송하세. 아멘

롬 9:5, 조상들도 그들의 것이요 육신으로 하면 그리스도가 그들에게서 나셨으니 그는 만물위에 계셔서 세세에 찬양을 받으실 하나님이시니라. 아멘

계 1:6, 그의 아버지 하나님을 위하여 우리를 나라와 제사장으로 삼으신 그에게 영광과 능력이 세세토록 있기를 원하노라. 아멘

=출 15:1-6 〈여호와께 즐거움의 노래 부르다〉

 내가 여호와를 찬송하리라. … 다른 나라들이 듣고 떨며 불레셋 사람들이 두려움에 휩싸였습니다. 에돔의 지도자들이 겁에 질렸고 모압의 용사들이 벌벌 떨며 가나안 사람들의 마음이 녹아 버렸습니다.
 여호와여 주의 백성이 지나가기까지 주님께서 구해내신 백성이 지나가기 까지 공포와 두려움이 그들을 덮쳤고 주의 팔의 크신 능력으로 인하여 그들은 돌처럼 굳어졌습니다.
 주님께서 그들을 이끄시며 주의 산에 심으셨습니다. 여호와여 그 산은 주님께서 계시려고 만드신 곳이며 주의 손으로 지으신 성소입니다. 여호와께서는 영원히 다스리실 것입니다.

=눅 24:36-43 〈11제자에게 부활후 나타나신 예수님의 영원하심〉

 두 제자가 길에서 있었던 일을 말하고 있을 때 예수님께서 제자들 가운데 나타나셨습니다. "너희가 평안하냐."
 제자들은 깜작 놀라며 유령을 보는 줄로 생각했습니다.
 "왜 무서워 하느냐? 왜 너희 마음에 의심이 생기느냐? 내손과 발을 보아라. 유령은 살과 뼈가 없다. 그러나 나는 너희가 보는 것처럼 살과 뼈를 가지고 있다." 이 말씀을 하시고 손과 발을 제자들에게 보여 주셨습니다.
 제자들은 너무 기뻐서 믿지 못하고 놀라고 있는데 먹을 것이 좀 있느냐 하시다. 제자들이 구운 생선 한 토막을 드렸더니 주님은 그것을 받아서 잡수셨습니다.

세세무궁하신 하나님 계 1:6

본문은 주님의 영광스러운 환상이 기록되기 전, 복음의 초점에 대하여 들려주시는 일종의 예고 같은 말씀입니다. 성자 하나님께서는 "구름을 타고 오시리라"는 약속을 이루실 분이십니다.

본문 7절,
"볼지어다! 구름을 타고 오시리라. 각인의 눈이 그를 보겠고, 그를 찌른 자들도 볼 터이요, 땅에 있는 모든 족속이 그를 인하여 애곡하리니, 그러하리라. 아멘"

1. 요한은 성자 예수님을 종말론적인 재림주로 강조하고 있습니다.

사도에게 있어서 우리 예수님은 부활 승천하셔서 성령을 파송하고 계시는 분이심과 동시에, 장차 구름을 타고 오셔서 모든 역사를 마감하시며 하나님 나라를 완성하실 분이십니다.

'오시리라'(에르케타이)는 직설법 현재형입니다.

이것은 예수 그리스도의 재림의 확실성과 임박성을 생생히 묘사하고 있습니다.

"보라! 그가 구름을 타고 오신다!"

그가 재림하시는 광경은 공개적으로 모든 사람들이 보게 될 것입니다. 특히 그를 찌른 자들도 보게 될 것입니다.

실제 십자가상의 예수님을 찌른자들로 복수로 표현된 것은 당시의 유대 종교 지도자들이나 그들과 야합했던 자들 뿐 아니라 오고 오는 세대에 그리스도를 대적한 모든 이들을 아울러 지칭하는 말씀입니다. 그들 모두가 슬피 통곡할 것을 사도 요한은 "그러하리라 아멘"(nai amen)이라고 말씀했습니다.

2. 재림하실 예수님에게 세 가지 칭호(5절)

5절, "또 충성된 증인으로, 죽은 자들 가운데서 먼저 나시고, 땅의 임금들의 머리가 되신 예수 그리스도로 말미암아 은혜와 평강이 너희에게 있기를 원하노라."

① 충성된 증인 = 그분은 진리 자체이시며, 하나님으로부터 받은 진리의 충성된 증인으로서 자신의 피를 뿌려 하나님의 구원 경륜을 완수하신 분이십니다.

증인(마르투스)이란 말에서 순교자(martyr)란 단어가 파생된 것을 보더라도, 충성된 증인이신 그리스도를 따르는 그의 제자들은 복음을 위하여 목숨까지도 불사하는 각오가 있어야 함을 이 칭호에서 알 수 있습니다.

② 예수 그리스도는 "죽은 자들 가운데서 먼저 나신 분"이시다. 이 구절은 시 89:27 ("내가 또 저로 장자를 삼고 세계 열왕의 으뜸이 되게 하며")의 인용인 듯 합니다.

여기에, '먼저 나시고' (호 프로토토코스)는 단순히 출생의 순위에서 먼저 난 자라는 의미보다는 '절대적 군주로서 왕좌에 등극하는 것'을 의미합니다. 단적으로 말해 이것은 메시야의 '주권'에 대한 언급입니다.

③ "땅의 임금들의 머리" = 이 표현 역시 앞서 말한 시편 89:27의 "열왕의 으뜸이 되게 하며" 라는 시편 기자의 찬양을 반영합니다. 죽으시고 부활하사 승천하신 예수님은 하나님 우편에 있으시며 만천하를 통치하십니다. 그리스도는 만왕의 왕이시며 땅의 임금들의 머리가 되십니다.

빌 2:10~11, "하늘에 있는 자들과 땅에 있는 자들과 땅 아래 있는 자들로 모든 무릎을 예수의 이름에 꿇게 하시고, 모든 입으로 예수 그리스도를 주라 시인하여, 하나님 아버지께 영광을 돌리게 하셨느니라."

3. 예수 그리스도는 만왕의 왕으로 공개적으로 재림하실 것입니다.

"보라! 구름을 타고 오시리라!"

요한의 묵시록을 읽게 될 당시의 교회 성도들은 참혹하고 교묘한 로마의 압제 하에서 종말론적인 하나님의 나라가 도래할 것을 누구보다도 절실히 기다리고 있었습니다. 그들에게 주님의 재림의 소식이야말로 가장 반가운 복음이 아닐 수 없었습니다. 이것은 오늘 마지막 시대에 사는 우리들에게도 예외가 아닙니다.

주님의 재림이 지금 늦추어지고 있는 이유를 아십니까? 주님은 한 영혼이라도 더 구원받기를 원하셔서 교회의 전도 활동을 위한 시간을 주고 계십니다.

"아멘. 찬송과 영광과 지혜와 감사와 존귀와 능력과 힘이 우리 하나님께 세세토록 있을지로다. 아멘' 하더라."

세세무궁하신 하나님께 늘 항상 변함없이 경배하고 경외하며 사랑하시는 여러분 주의 자녀 되시기를 축원합니다.

33. 임마누엘의 하나님

> ♥ 사 7:14, 그러므로 주께서 친히 징조를 너희에게 주실 것이라 보라 처녀가 잉태하여 아들을 낳을 것이요 그의 이름을 임마누엘이라 하리라

♪ 나의 갈길 다 가도록 384장

1. 나의 갈길 다 가도록 예수 인도하시니 내 주 안에 있는 긍휼
   어찌 의심하리요 믿음으로 사는 자는 하늘 위로 받겠네
   무슨 일을 만나든지 만사형통하리라
   무슨 일을 만나든지 만사형통하리라
2. 나의 길을 다 가도록 예수 인도하시니 어려운 일 당한 때도
   족한 은혜 주시네 나는 심히 고단하고 영혼 매우 갈하나
   나의 앞에 반석에서 샘물 나게 하시네
   나의 앞에 반석에서 샘물 나게 하시네
3. 나의 갈길 다가도록 예수 인도하시니 그의 사랑 어찌 큰지
   말로 할 수 없도다 성령 감화받은 영혼 하늘 나라 갈때에
   영영 부를 나의 찬송 예수 인도하셨네
   영영 부를 나의 찬송 예수인도하셨네. 아멘

사 8:8, 하수가 모든 언덕에 넘쳐 흘러 유다에 들어와서 기득하여 목에 까지 미치리라 임마누엘이여 그가 펴는 날개가 네 땅에 가득하리라 하셨느니라.

=창 9:1-3 〈하나님이 노아와 언약이 후손의 복과 땅과 바다와 하늘에 모든 생물에 붙여 주심〉

하나님께서 노아와 그 아들들에게 복을 주시며 말씀하셨습니다.
"자녀를 많이 낳고 번성하여 땅을 채워라. 땅위의 모든 짐승과 하늘의 모든 새와 땅 위의 기는 모든 것과 바다의 모든 물고기가 너희들을 두려워 할 것이다. 내가 이 모든 것을 너희들에게 주었다. 살아서 움직이는 모든 것이 너희의 음식이 될 것이다."

=민 10:29-31 〈모세가 호밥에게 동행하여 눈이 되어 달라고 하다〉

모세가 처남에게 '우리는 하나님께서 우리에게 주시기로 한 땅으로 갑니다. 함께 합시다. 잘 대해 드리겠습니다. 그러나 난 고향으로 가야한다고 했습니다. 처남은 이 광야에서 어디에 진을 쳐야할지 잘 아십니다.

=마 4:18-22 〈베드로와 안드레를 사람낚는 어부로 부르시다〉

예수님께서 갈릴리 호수를 거니시다가 두 형제 시몬과 안드레가 그물을 던지는 것을 보시고 나를 따라 오너라 내가 너희를 사람 낚는 어부로 삼겠다 하심. 그들도 그 즉시 배와 아버지를 버려둔채 예수님을 따랐습니다. 예수님께서는 또 다른 두 형제 야고보와 동생 요한이 아버지와 그물을 수선하는 것을 보고 부르셨습니다. 그들도 즉시 배와 아버지를 버려둔 채 예수님을 따랐습니다.

임마누엘의 하나님 사7:14

임마누엘은 예수의 이름이었습니다 임마누엘은 이름만이 아니라 우리 삶이 되어야 합니다. 곧 '하나님이 우리와 함께 계시다' 가 되어야 합니다.

1. 하나님의 사랑입니다.

하나님이 우리와 함께 하신다는 것은 사랑의 표현입니다. 예수님은 주전 8세기에 이사야를 통하여 예언하였고, 신약에서는 임마누엘이라고 증언하였으며, 몸으로 성육신하여 이 땅에 나타나신 분이 예수 그리스도이십니다. 이는 하나님께서 우리를 사랑하신다는 표현입니다.

예수님을 이 땅에 보내사 우리와 함께 계시도록 하신 이유가 무엇입니까? 이 땅에 오셔서 모든 사람을 섬기다가 인간을 위해 자기 몸을 버리시도록 하신 겁니다.

1) 잊지 아니하는 사랑입니다. 아버지는 자식을 잊지 못합니다. 자기 자녀를 귀하게 여기고 기뻐합니다. 보살펴 주고 필요를 따라 채워줍니다. 이는 사랑입니다. 이 세상에서 자식을 이기는 부모가 있나요?
2) 소중히 여기는 사랑입니다. 사랑하면 귀중하게 여깁니다. 그럼으로 잘 보호합니다. 하나님께 우리를 자기 형상대로 지었기 때문에 우리를 소중하게 여깁니다 형상이 같다는데 애정이 깊어집니다   생각해 보세요. 하나님의 형상대로 지음 받았기에 하나님을 닮아야 합니다.
3) 사랑은 함께 있고 싶어하는 겁니다. 예수님께서 임마누엘이 되심으로 우리에게 새 소망을 주셨습니다. 평화를 얻게 되었습니다. 우리는 하나님의 평화를 체험하게 되었습니다. 예수님의 임마누엘로 인하여 깨어진 관계가 회복되었습니다. 사랑이 주는 것이라고 말합니다. 맞습니다. 같이 있어줄 수 있어야 무엇을 주게 됩니다.

2. 임마누엘은 승리를 보장합니다.

오늘만이 아니라 우리가 살고 있는 현실은 경쟁의 시대에서 살고 있습니다. 나와 많은 사람들은 이기려고 합니다. 남에게 이기면 된다고 주먹을 불끈 쥐고 뛰고 달립니다. 움이던지 경쟁이던지 했으면 이겨야 합니다. 지는 것은 미덕이 아닙니다.

우리 그리스도 인들은 "우리의 대적은 마귀다." 라고 말합니다. 맞습니다. 그 마귀가 어디에 있습니까? 자기 마음속에 있습니다. 시험이 왔다고 말합니다. 물론 주변에서 오는 시험도 있습니다. 그러나 마음에서 오는 시험이 더 어렵습니다. 이기는 자의 대열에 참여할 수 있어야 합니다. 이기는 자에게만 박수와 상급이 따릅니다. 월계관을 쓰는 영광을 얻습니다. 이기기 위하여 어떻게 하여야 합니까?

1) 힘을 길러야 합니다. 힘이라 하면 경제가 힘, 돈의 위력, 단결이 힘, 지식이 힘이라고 말합니다. 하나님을 절대로 믿고 의지할 때 강한 힘이 생겨 납니다. 믿음은 승리의 비결입니다. 하나님을 전적으로 의지하고 순종할 때에 이김이 있습니다. 믿음은 순종으로 나타납니다. 감상이나 관념으로 되는게 아닙니다. 하나님을 전적으로 믿으면 전적으로 순종하게 됩니다.

2) 가장 중요한 것은 임마누엘이어야 승리합니다. 주께서 이기게 해 주십니다. "이 모든 일에 우리를 사랑하기는 이로 말미암아 우리가 넉넉히 이기느니라."(롬8:37) 힘들에 이기는 게 아닙니다. 넉넉하게 이깁니다. 이미 이겨놓고 싸우는 싸움입니다. 완승입니다. 짜릿한 역전승보다 처음부터 이기고 남는 이김입니다. 나와 함께 하시는 임마누엘 주님을 사랑하여야 합니다. 그 분의 말씀에 순종하십시오. 그 분의 도움을 받기 위하여 기도하여야 합니다. 반드시 이기고 이깁니다.

3. 임마누엘, 이는 축복입니다.

'축복' 그러면 물질적으로 풍성함을 의미하던지 자기 자녀들이 잘 되었다는 것을 말하고 있습니다. 물론 맞는 말입니다. 그러나 그것 자체가 축복이 아니라 예수께서 나와 함께 계신 것, 그것만으로도 축복입니다. 예수께서 함께 계신 곳에는 문제가 해결입니다. 질병에는 치유가 있었습니다. 모자란 곳은 풍성하게 되었습니다. 예수님 계신 곳에는 죽음도 생명으로 바뀌어졌습니다.

우리 주님은 지금도 우리와 함께 하십니다. 예수님이 함께 하시는 교회가 되어야 합니다.

가장 중요한 것은 나의 삶 속에 임마누엘이 되어 승리하고, 풍성한 축복된 삶이 되어지기를 주의 이름으로 축원합니다. 아멘

34. 천사를 두신 하나님

♥ 단6:22, 나의 하나님이 이미 그의 천사를 보내어 사자들의 입을 봉하셨으므로 사자들이 나를 상해하지 못하였사오니

♪ **천사들의 노래가** 125장

1. 천사들의 노래가 하늘에서 들리니
   산과 들이 기뻐서 메아리쳐 울린다
2. 한밤중에 목자들 양떼들을 지킬 때
   아름다운 노래가 청아하게 들린다
3. 베들레헴 달려가 나신 아기 예수께
   꿇어 경배합시다 탄생하신 아기께
4. 구유안에 누이신 어린 아기 예수께
   우리들도 다 함께 기쁜 찬송 부르자

후렴) 영광을 높이 계신 주께 영광을 높이 계신 주님께 아멘

왕상 13:18, 그가 그 사람에게 이르되 나도 그대와 같은 선지자라 천사가 여호와의 말씀으로 내게 이르기를 그를 네집으로 데리고 돌아가서 그에게 떡을 먹이고 물을 마시게 하라 하였느니라 하니 이는 그 사람을 속임이라.

마13:41, 인자가 그 천사들을 보내리니 그들이 그 나라에서 모든 넘어지게 하는 것과 또 불법을 행하는 자들을 거두어 내어

=단 6:21-23 〈사자 굴에서 다니엘을 천사를 보내어 구출하다〉

다니엘이 대답했습니다. "왕이시여 만수무강 하십시오. 나의 하나님께서 천사들을 보내셔서 사자들의 입을 막으셨습니다. 하나님께서는 내가 죄가 없다는 것을 아시기 때문입니다. 사자들이 나를 해치지 못하게 하셨습니다. 왕이시여 나는 왕에게 잘못한 일이 없습니다."

다리오 왕은 너무 기뻤습니다.

=마 13:36-43 〈예수님이 가라지 비유 설명에 추수 때에 천사를 보낸다고 하시다〉

그 때 예수님께서 비유로 말씀하셨습니다.

"하늘나라는 자기 밭에 좋은 씨를 심은 사람에 빗댈 수 있다. 사람들이 잠들었을 때 원수가 와서 밀 사이에 가라지를 뿌리고 갔다. 밀이 자라서 낟알이 익을 때에 가라지도 보였다. … 여기에, 밭은 세상이다. 좋은 씨는 하늘 나라의 모든 아들들이다. 가라지는 악한 자의 아들들이다. 그리고 나쁜 씨를 심은 원수는 마귀이다. 나중 가라지는 인자가 천사들을 보낼 것인데 이들은 죄를 짓게 만드는 자들과 불법을 행하는 자들을 모두 하늘나라에서 추려내 불타는 아궁에 던질 것이다.

사람들이 그 곳에서 슬피 울고 고통스럽게 이를 갈 것이다. 그 때 의인은 아버지의 나라에서 해처럼 빛날 것이다. 귀 있는 자는 들어라!"

천사를 두신 하나님 마 13:41

욥=천사의 이름은
- 창 32:1, 하나님의 사자
- 창 32:2, 하나님의 군대
- 시 103:21, 천군
- 사 6:2, 스랍
- 단 8:16, 가브리엘
- 계 12:7, 미가엘

=천사의 수는
- 왕하 6:17, 산에 가득함
- 시 68:17, 하나님의 병거가 천천
- 마 26:53, 열두 군단 더 되는 천사
- 눅 2:13, 천군
- 히 12:22, 천만 천사
- 계 5:11, 만만이요 천천

=천사의 하는 일(봉사)-하나님을 섬기고 봉사하는 일
- 느 9:6, 주님께 경배하는 일
- 시 103:21, 여호와께 봉사함
- 시 148:2, 여호와께 찬양함
- 사 6:3, 하나님의 영광을 나타냄
- 계 5:11~12, 영광을 계속 하나님께 돌림

🔷 35. 마귀를 멸하시는 하나님

> ♥ 요일 3:8, 죄를 짓는 자는 마귀에게 속하나니 마귀는 처음부터 범죄함이라 하나님의 아들이 나타나는 것은 마귀의 일을 멸하려 하심이라

♪ **마귀들과 싸울지라** 348장

1. 마귀들과 싸울지라 죄악 벗은 형제여 담대하게 싸울지라 저기
   악한 적병과 심판 날과 멸망의 날 네가 섰는 눈앞에 곧 다가오리라
2. 마귀들과 싸울지라 죄악 벗은 형제여 고함치는 무리들은 흉한
   마귀 아닌가 무섭고도 더러운 죄 모두 떨쳐버리고 주 예수 붙들라
3. 마귀들과 싸울지라 죄악 벗은 형제여 구주 예수 그리스도 크신
   팔을 벌리고 너를 도와주시려고 서서 기다리시니 너 어서 나오라
후렴) 영광 영광 할렐루야 영광 영광 할렐루야
   영광 영광 할렐루야 곧 승리하리라

요 8:44, 너희는 너희 아비 마귀에게서 났으니 너희 아비의 욕심대로 너희도 행하고자 하느니라. 그는 처음부터 살인한 자요 진리가 그 속에 없으므로 진리에 서지 못하고 거짓을 말할 때마다 제 것으로 말하나니 이는 그가 거짓말쟁이요 거짓의 아비가 되었음이라.

약 4:7, 그런즉 너희는 하나님께 복종할지어다 마귀를 대적하라 그리하면 너희를 피하리라.

=마 25:37-46 〈예수님은 재림 때, 천사와 함께 와서 책망하시다〉

그 때 왕이 대답할 것이다. '내가 너희에게 진정으로 말한다. 보잘 것 없는 사람에게 한 일, 곧 너희가 이 형제들 중 가장 보잘 것 없는 사람에게 한 일이 곧 나에게 한 것이다.' 그리고 나서 왼쪽에 있는 사람들에게 이렇게 말할 것이다. '저주받은 자들아 내게서 떠나 악마와 그 부하들을 위해 준비한 영원한 불에 들어가거라 내가 배가 고플 때 너희는 내게 아무것도 주지 않았다. 나그네 되었을 때도, 헐벗을 때도, 아플 때나 감옥에 갔을 때 그 때 그 사람들이 대답할 것이다. 언제 하지 않았습니까? 그 때 왕이 대답할 것이다. '이 사람들 가운데 가장 작은자 한 사람에게 하지 않는 것이 곧 나에게 하지 않은 것이다.' 이 사람들은 영원히 형벌을 받게 될 것이다. 그러나 의로운 사람들은 영원한 생명에 들어갈 것이다.

=계 20:7-10 〈하나님의 심판으로 사탄(마귀)의 영원한 패망〉

천년이 지나면 사탄은 감옥에서 풀려날 것입니다. 그리고는 온 세상에 있는 나라들 곧 곡과 마곡을 꾀어 전쟁 준비를 할 것입니다. 모인 군대는 그 수가 너무 많아 바닷가의 모래 같을 것입니다. 그들은 진군하여 성도들의 진영과 하나님께서 사랑하시는 도시를 포위할 것입니다. 그러나 하늘에서 불이 내려와 그들을 불사를 것입니다. 그리고 그들을 꾀던 사탄은 짐승과 거짓 예언자와 함께 유황이 타는 불못에 던져져 밤낮으로 끊임 없이 고통을 받을 것입니다.

마귀 멸하시는 하나님 히 2:14,15

"… 그도 또한 같은 모양으로 혈과 육을 함께 지니심은 죽음을 통하여 죽음의 세력을 잡은자 곧 마귀를 멸하시며 또 죽기를 무서워 함으로 한평생 매여 종 노릇하는 모든 자들을 놓아 주려 하심이니"

성경에 "원수를 사랑하라"고 했지만, 마귀 사탄을 사랑하라는 말은 없습니다. 약 4:7~8에 "그런즉 너희는 하나님께 순복할찌어다 마귀를 대적하라 그리하면 너희를 피하리라 하나님을 가까이 하라 그리하면 너희를 가까이 하시리라…"라고 말씀하셨습니다.

공산주의가 붉은 용, 사탄의 사상이라는 것은, 요한복음 8장 44절에 "너희는 너희 아비 마귀에게서 났으니 너희 아비의 욕심을 너희도 행하고자 하느니라 저는 처음부터 살인한 자요 진리가 그 속에 없으므로 진리에 서지 못하고 거짓을 말할 때마다 제 것으로 말하나니 이는 저가 거짓말장이요 거짓의 아비가 되었음이니라"

공산주의 사상은?

① 무신론이며 교회 말살론입니다.

하나님을 대적하며 주님의 몸 된 교회를 파괴하는 사탄의 사상입니다. 저희 고향 선천은 한국의 예루살렘이라고 했고, 평양은 동양의 예루살렘이라고 했습니다. 남한보다 더 많은 교회와 성도가 있었으나, 공산정권이 들어서면서, 그 많던 교회가 다 파괴되었습니다

② 마귀의 특성은 살인자(murderer)입니다.

"붉은 용"의 붉은 빛은 잔인한 살인자임을 의미합니다. 이제, 사이비 종교의 교주들이 다 끔찍한 살인으로 끝난 것을 보았습니다.

가이아나의 인민사원(People's Temple)이나, 일본의 "옴"교회 아사하라도 도쿄에서 독가스를 뿌려 많은 사람을 죽이려 했고, 스위스의 사이비 종교 교주 주레타도 결국 끔찍한 살인으로 끝났고, 우리나라의 백백

교나 오대양 사교도 다 끝났습니다. 왜냐하면, 사이비종교는 진리의 영이 아니라 사탄의 영의 지배를 받기 때문입니다. 지금도 전 대통령이 지원해 주는 모 사이비 종교는 들어갔다가, 한강에서 시체로 발견되기도 하고, 행방불명이 되기도 합니다.

③ 마귀는 거짓말쟁이며, 거짓의 아비이기 때문입니다.

그 속에 진리란 없기 때문에 거짓말을 만들어 내고 거짓말을 자기 것처럼 합니다. 그러므로 공산당, 빨갱이들의 말을 믿어선 안 됩니다. 휴전협정을 수만 번 어겼으며, IAEA(국제원자력기구)도 제멋대로 탈퇴하고, 개성공단도 50년 계약을 해놓고, 2년도 안 되어서 계약을 일방적으로 파기하고 30배나 올리라고 하고, 임금을 4배 올려달라고 나옵니다. 빨갱이들은 믿으면 안 됩니다. 민주당, 민노당이 6월에 미디어법을 상정하도록 하겠다고 해놓고는 결사반대하는 것을 보십시오.

어쨌든, 죽어도 적화통일 되어선 안 됩니다. 차라리 죽는 것이 낫습니다. 나는 원자탄은 그렇게 무섭지 않습니다. 남한의 좌파들이 더 무섭습니다. "악한 자들을 돕고 하나님을 대적하는 자를 사랑하는 것이 옳은 일입니까?" 이것은 하나님의 진노와 심판을 받을 일입니다.

언제나 어느 때나 어떤 사람들에게나, 물질에서나 항상 마귀를 악령을 이기시는 성령의 능력이 충만 하시기를 축원합니다.

36. 천 년간 왕노릇 하게 하시는 하나님

> ♥ 계 20:4, 예수를 증언함과 하나님의 말씀 때문에 목 베임을 당한 자들의 영혼들과 또 짐승과 그의 우상에게 경배하지 아니하고 그들의 이마와 손에 그의 표를 받지 아니한 자들이 살아서 그리스도로 더불어 천 년 동안 왕노릇하니

♪ **오랫동안 고대하던** 177장

1. 오랫동안 고대하던 천년왕국 이를 때 주의 신부 공중으로
 들려 올라 가겠네 항상 깨어 기도하며 어서 준비합시다
 우리 주님 세상 다시 오시네
2. 그때 모든 성도들의 기도 응답되리니 하나님을 모르는
 이 천지간에 없으리 모든 질병 근심 고통 눈물 없게 하시려
 우리 주님 세상 다시 오시네
3. 주의 구속함을 얻는 천만 성도 일제히 거룩한 산 시온 성에
 기쁨으로 모이리 화평함과 인애로써 세상 다스리시려
 우리 주님 세상 다시 오시네

딤후 5:11,12, 미쁘다 이 말이여 우리가 주와 함께 죽었으면 또한 함께 살 것이요 참으면 또한 함께 왕 노릇 할 것이요 우리가 주를 부인하면 주도 우리를 부인 하실 것이라.

계 22:5, 다시 밤이 없겠고 등불과 햇빛이 쓸데 없으니 이는 주 하나님이 그들에게 비치심이라 그들이 세세토록 왕 노릇 하리로다.

=계 20:1-6 〈천년왕국때 마귀의 묶임과 부활, 구원받은 자들 왕노릇〉

나는 또 한 천사가 하늘에서 내려오는 것을 보았습니다.

그 천사는 끝없는 구덩이의 열쇠를 갖고 있었고 손에는 큰 쇠사슬을 쥐고 있었습니다.

천사는 오래된 뱀 곧 마귀인 용을 잡아 쇠사슬에 묶어 천 년 동안 끝없는 구덩이에 던져놓고 입구를 막아 열쇠를 잠가 버렸습니다.

용은 천년이 지나기까지 세상 사람들을 더 이상 유혹하지 못하게 되었습니다. 그러나 천 년이 지나면 그 용은 잠시 동안 풀려날 것입니다. 또 나는 몇 개의 보좌에 앉은 사람들을 보았습니다.

그들은 심판하는 권세를 받은 자들이었습니다.

그들 앞에는 예수님을 증언하고 하나님의 말씀을 전하다가 죽은 영혼들이 서 있었습니다. 이 영혼들은 짐승과 우상에게 절하지 아니하고 이마나 손에 짐승의 표를 받지 않은 자들 이었습니다

이들은 다시 살아나서 그리스도와 함께 천 년 동안 다스릴 것입니다. 그러나 나머지 죽은 자들은 천 년이 지나갈 때 까지 살아나지 못 했습니다 이것이 첫째 부활입니다.

이 첫째 부활에 참여하는 자들은 복되고 거룩한 자들입니다. 그들에게는 두 번째 죽음이 있을 수 없습니다 그들은 하나님과 그리스도의 제사장이 되어 그분과 함께 천 년 동안 왕노릇 할 것입니다.

천년 간 왕노릇 하게 하시는 하나님 계 20:4

천년 왕국에 들어갈 자는 누구입니까?

세상을 사는 동안 예수를 잘 믿고 있다가 환난의 끝에 공중 재림하는 예수님에게로 이끌려 올라간 사람들은 주님의 신부로서 다스리는 자로 오십니다. 환난 시대에 살아있는 자들 중에 유대인도 있고 이방인도 있습니다. 그 살아남은 자들은 해의 뜨거움과 어두움의 재앙으로 인해서 화상과 종기의 고통으로 신음할 것입니다. 하지만 사탄이 감금되고 두 짐승이 유황불에 들어갔으므로 회복과 고침이 있습니다.

천 년 왕국에 들어가는 자는 치료하는 광선을 발하시는 하나님의 의로운 은혜 앞에서 새로워지는 것입니다. 그리고 택한 자를 위해 환난을 감하므로 살아남아 있는 자가 모아집니다. 그리고 주님이 왕 노릇 하는 순교 신앙의 사람들과 함께 자기 영광의 보좌에 앉아서 모든 민족을 각각 분별합니다. 선민, 유대인, 이방인 등 각각 다 분별합니다.

마 25:32~33, "목자가 양과 염소를 구분하는 것 같이 하여 양은 그 오른편에 염소는 왼편에 두리라."

이 각각 분별하는 일은 가라지와 곡식을 구별하는 비유의 뜻과도 같습니다.

마 13:24~30을 보면 둘 다 추수 때까지 함께 두었다가 추수 때에 가라지는 불사르게 하고 곡식은 내 곳간에 넣게 된다. 이처럼 곡식으로, 양으로 기록된 사람은 하나님의 오른편에 두게 됩니다.

그들은 "내 아버지께 복 받을 자들이여 나아와 창세로부터 너희를 위하여 예비된 나라를 상속받으라"고 하십니다. 그리고 왼편에 있는 염소에게는 "저주를 받은 자들아 나를 떠나 마귀와 그 사자들을 위하여 예비된 영원한 불에 들어가라."고 하십니다.

끝 날에는 이렇게 분명한 나뉨이 있습니다. 섞여 있을 수 없습니다. 그리하여 양으로 인정된 자는 놀랍게도 "내 형제 중에 지극히 작은 자 하나에게 한 것이 곧 내게 한 것이니라."고 하였습니다. 즉 주님이 주릴 때 먹을 것을 주고 목마를 때 마시게 하고 나그네 되었을 때 영접하였고 주님이 벗었을 때 옷 입혔고 주님이 병들었을 때 돌아보고 옥에 갇혔을 때 와서 보는 일이란 주님의 형제, 믿는 자에게 물 한 그릇이라도 주는 것이 양이 되는 것입니다.

주님의 형제 중에 지극히 작은 자 한 사람에게라도 먹을 것을 주었다면 양으로 간주된다.

아! 실로 놀라운 일이지요. 구원 받은 것은 아니지만 양으로 간주되면 이 사람은 살아남은 것도 은혜인데 자기 자신도 모르고 있는 천 년 왕국에 들어갑니다. 정말로 복된 은혜입니다. 이 나라는 천 년간 조화의 나라이다. 지금까지 사람들은 낙원을 빼앗기고 살았습니다. 그러나 양으로, 알곡 곡식으로 구별된 자는 아담이 죄 짓기 전 상태로 회복됩니다.

그렇다고 착각해서는 안 됩니다. 믿음을 지켜 구원 받아 영화될 이는 이끌림 받은 주의 신부입니다. 왕 노릇 하는 이는 순교자입니다. 그리고 천 년 왕국에 육체를 지닌 채 들어갈 이는 각각의 민족들을 구별할 때 양으로 간주된 이들입니다. 그들은 하나님의 의도대로 천 년 왕국에서 하나님이 본래 원하셨던 조화의 나라에서 사는 것입니다.

이 땅에서 주님을 위하여 오로지 산 자는 천년 동안 왕노릇하게 하시는 영광을 생각하고 확실히 믿고 소망하여 온전히 주님 뜻대로 살아 천 년 동안 왕노릇 하시는 여러분 되시기를 축원합니다.